これが正解！

他社と差がつく

商品紹介文

「ことのは塾」
山梨 栄司

産業能率大学出版部

目次

第2章　セルフ・インタビューで考える7つの〈ピン！ポイント〉　27

第3章　マネしたい！　商品紹介文の〈型〉 149

はじめに

商品紹介文を書くのが大変ではありませんか？

あなたは「商品紹介文」を書くのは大変だと思っていませんか？　アタマをひねって、時間をかけてつくったのに、「なんだか、つまらない商品紹介文だな……」と徒労感を味わっていませんか？

本来、商品紹介文づくりはとても楽しいもの。だって、自分の作品をほめる言葉を考える作業なのですから。その商品にかけた想いを語り、喜んでくれたお客さまのことを思い出して語るわけですから、その時間が楽しくないはずがありません。

しかし、現実では締め切りに追われ、パソコンの前で「う～ん、う～ん」と悩みながら商品紹介文をつくっている方が多いのではないでしょうか？

そのように、商品紹介文づくりに苦労してしまう理由はただ1つ、書き方の〈正解〉を知らないからなのです。商品紹介文は物語のように起承転結がしっかりとしている必要はありません。正しい文章を書こうと気にしすぎて、逆にありきたりの文章になってしまうのも残念なことです。商品紹介文の〈正解〉を知れば、もう悩むことはありません。

商品紹介文のつくり方には、全部で5つの〈正解〉があります。

正解①「見出し＋本文」の積み重ねでつくる
正解②お客さまが「ピン！とくること」を書く
正解③セルフ・インタビューで書く
正解④得意なパターン（型）で書く
正解⑤「わかりやすい」は後からつくれる

この5つの〈正解〉、すべてを完璧にやらなくてはならないわけではありません。6、7割ほど押さえるだけで、あなたの商品紹介文づくりは劇的に変わり、その結果、売り上げはどんどん上がっていくでしょう。

私が主催する「ことのは塾」は、この20年間で2000社以上の社長さん、社員さん、店員さんと一緒に商品紹介文をつくってきました。その経験から、「こういう商品紹介文は売れる」というポイントがつかめてきました。それが、これからご紹介する商品紹介文の〈正解〉です。

繰り返しになりますが、商品紹介文づくりは本来、とても楽しいもの。事実、私たちと一緒に商品紹介文をつくっている時、社長さんや店員さんはとってもいい顔をされています。自分たちの商品やサービスの良いところばかりを思い浮かべて書いていくのですから、気分がいいに決まっていますよね。アイデア会議の中で出てくるキーワードやフレーズは、つくり手や売り手の想いが込められていますから、1つひとつが〝刺さる〟言葉になっています。

売れる商品紹介文をつくるための材料は、もうすでに皆さんの中にあります。でも、それを正しく引っ張り出さないと、宝の持ち腐れになってしまうかもしれません。〈正解〉を道しるべに、商品の魅力や、そこにかけたあなたの想いを伝えていきましょう。それはきっと、お客さまの心を動かし、売れる商品紹介文となっていくはずです。

第1章

商品紹介文5つの〈正解〉

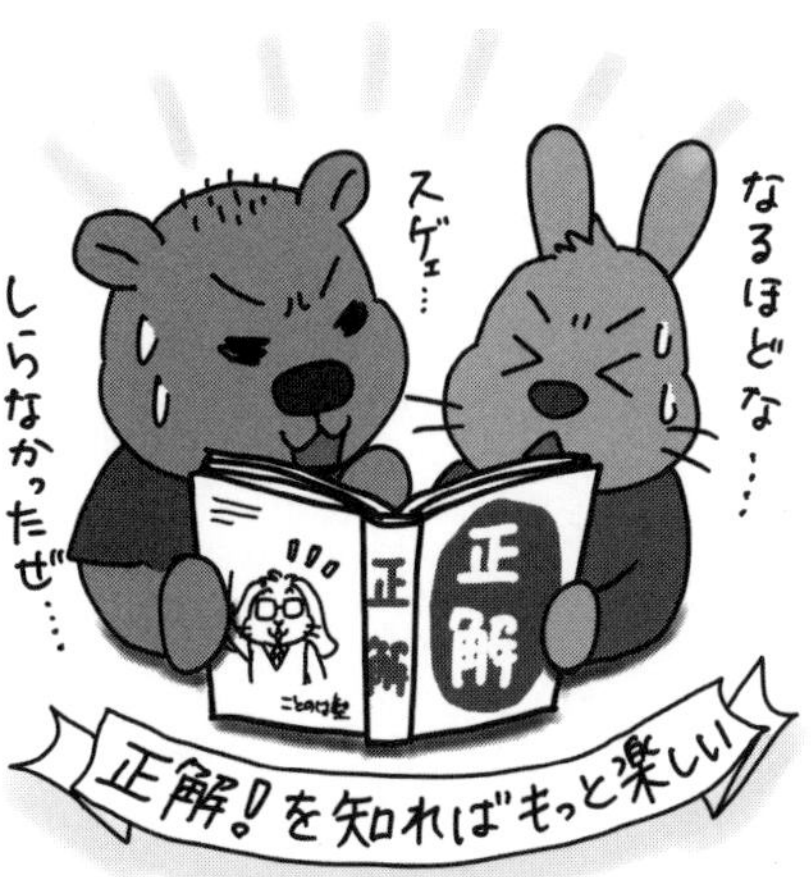
なるほどな……
スゲェ…
しらなかったぜ……
正解
正解
正解!を知ればもっと楽しい

正解

1 〈見出し＋本文〉の積み重ねでつくる

〈見出し＋短い本文〉を積み重ねてつくる

現代人は、ネットで文章を読むことに慣れています。SNSをはじめとしたネット上の文章は、一文が短いのが主流。そのため、お客さまも「短い文章」に慣れ親しんでいます。学校のテストに出てくるような難解な長文は好まれず、読み飛ばされてしまいがちです。

この「短い文章を読み慣れている」、「読み飛ばす」という2つの現代人の読み方に、あなたの商品紹介文も合わせていきましょう。具体的には、商品紹介文を〈見出し＋本文〉の積み重ねでつくっていくのです。

伝えたいことをだらだらと長い文章で表現するのは、得策ではありません。でも、商品の良さはじっくりと伝えていきたいですよね。そこで、伝えたいことをテーマごとに分割し、短い文章にします。そして、そこに必ず〈見出し〉を付けるのです。

例を出して考えてみましょう。ある喫茶店で新メニューとしてアイスクリームを販売します。新しいアイスクリームの特徴には、次のようなものが挙げられます。

・新発売
・自家製ピーナッツ味とバニラ味の2種類
・お店で出すコーヒー、特にエスプレッソに合うように味を整えた
・近所の調理師専門学校の生徒さんに協力してもらって開発した
・コーヒーと一緒に頼みやすいように小さめサイズ
・サイズに合わせて、値段も控えめ

では、このアイスクリームを注文してもらうために、メニューに商品紹介を載せましょう。まずは、よくありがちな紹介文を見てみましょう（例1－1）。

いかがでしょうか。印象としては、「長い！」で

ピーナッツ・アイスクリーム新発売！

店裏の畑で収穫し焙煎した自家製のピーナッツとバニラの味のアイスクリームが新発売となりました。お店のコーヒー、特にエスプレッソに合うように味を整えています。このアイスクリーム、この店の近くにある「あべ調理師専門学校」の生徒さん16名に協力してもらって開発しました。コーヒーと一緒にご注文いただいて、両方を楽しんでもらえるようサイズは少し小さめです。その分、お値段も控えめで、1つ360円です。ぜひご注文ください。

例1-1　ありがちな紹介文

ピーナッツ・アイスクリーム新発売！

コーヒーに合うアイスクリーム?!

当店のコーヒー（特にエスプレッソ）に合うアイスクリームが新発売！

食べたことのない味の秘密は自家製ピーナッツ

自家製ピーナッツ（お店の裏に畑があります）で作っていますので、ここでしか味わえないおいしさになっています。香ばしさを出すための焙煎までお店でやっているので、バニラと合わせた時の風味が最高です！

なんと16名もの審査を通り抜けた逸品！

「あべ調理師専門学校」に通う、調理師のたまごの皆さん16名と一緒に開発しました。つまり、このアイスは16名の審査を「おいしい！」と合格した、逸品中の逸品なのです。

サイズは小さめ・お値段も控えめ

コーヒーが冷めないうちに一緒に食べ切れるよう、サイズは少し小さめに作っています（写真でご確認ください）。そのため、お値段も控えめ。１つ360円です。

例1-2　「見出し＋本文」でつくる商品紹介文

すよね。今、この例文を読み飛ばした方も多いのではないでしょうか。事実、こうした長い文章は読み飛ばされがちです。

では、この文章を〈見出し＋本文〉の形に変えてみましょう（例1－2）。

見比べていただくと、どうでしょう。見出しを付けて、本文には見出しで述べたことしか書かないようにした文章の方が、読みやすいと感じられませんか？

このように〈見出し＋本文〉の形にすると、見出しだけをざっと確認し、本文を読み飛ばしやすくなります。ネット上の文章を読み慣れた現代人にとっては、読み飛ばせるかどうかは大きな問題です。見出しを読めば概要が見えてきますから、見出しにざっと目を通して、面白そうなところだけ本文を読めばいいですからね。

正解

2 お客さまが〈ピン！とくること〉を書く

その商品を使う「人」に注目し、お客さまが〈ピン！とくること〉を書く

「ことのは塾」では、「商品説明文」と「商品紹介文」を分けて考えています。「商品説明文」とは、モノやサービスの機能、特長、スペックや価格など、「この商品はこういうものです」と説明する文章です。一方、「商品紹介文」は、「商品をどんな人に紹介したいか?」と、商品を紹介する〝相手〟をイメージしながら書くものです。

卓上小型扇風機を例に挙げて説明しましょう(例1-3、1-4)。この2つの文章、伝えている商品の特徴はどちらも同じです。ですが、後者の方が実際に扇風機を使っているところをイメージできませんか? 自分がその商品を使っている姿を思い描いてもらうのは、商品紹介文の王道。自分が使っているシーンを具体的にイメージすることで、「いいな、欲しいな」と欲求のスイッチが入ります。

かたや「この商品はこういうものです」と商品を主語にして説明する文では、使い手は使用シーンをなかなか想像しにくいものです。「直径18センチ/卓上・壁掛け兼用」と聞いただけで、「お、それならキッチンやお風呂で使えそうだな」とピン!とくる人は、きっと小型扇風機についてよく知っている人でしょう。多くの人は、スペックやサイズなどを聞いただけでは、その使い方までイメージできません。ちなみに、我が家にも扇風機はありますが、直径が何センチかは知りません。

卓上小型扇風機（TKS-01J）3,300円（税込み）

・直径18センチ／卓上・壁掛け兼用
・自動首振り機能付き＆上下80度に調整可能
・風量は3段階に調整可能
・便利なUSB電源
・5枚羽根

例1-3　商品説明文

卓上小型扇風機（TKS-01J）3,300円（税込み）

「売れている扇風機は、何が違うんですか？」

キッチンやお風呂で使えます！

直径18センチと小さく、置く場所を選びません。フックや吸盤で壁につけることもできます。

コンセントがない場所でも使えます

USB電源なので、モバイルバッテリーとつなげば、コンセントのない場所でも使えます。アウトドアや車内でお使いになる方にも選ばれています。

赤ちゃんの寝室など、静かでやさしい風を送りたい時に

当社で独自に新開発した5枚羽根は、一般的な4枚羽根の扇風機に比べ、静かでやさしい風を送ります。

風量は3段階に調節可能／自動首振り機能付き／上下80度に角度調整可能

例1-4　商品紹介文

商品紹介文では、このようにお客さまが利用シーンを具体的に思い描けるような〈ピン！とくる情報〉を書くことがとっても大切です。どんな情報にピン！とくるかは、お客さま次第。目新しいモノにピン！とくる人もいれば、家族みんなが使いこなせるかどうかを気にする人もいるでしょう。人気商品かどうかを重視する人もいるはずです。

〈ピン！とくるポイント〉は、十人十色です。それは、それだけ商品紹介をするポイントがたくさんあるということ。第2章では、具体的にお客さまが〈ピン！とくるポイント〉を挙げていますので、ぜひ、そちらも参考になさってください。

正解

3 セルフ・インタビューで書く

あらかじめ質問を用意して、質問に回答する形式で書く

優秀な営業担当者ほど、商品紹介文を書くのが苦手——私たちがサポートに伺う企業で、実際にこうしたことがよくありました。優秀な営業担当者ならば、商品の特長や魅力を伝えることに長けているはず。なのに、ホームページやパンフレットに載せる商品紹介文を書くことを苦手とされている方が多かったのです。

営業活動と商品紹介文を書くことの最も大きな違い――それは「目の前にお客さまがいるかどうか」です。

営業担当者は目の前のお客さまとは他愛もない世間話から始めて、上手に質問をし、相手の状況やニーズをうまくくみ取って取引につなげていきます。話の材料は豊富なので、どんな質問をされても、どんな方向に話が進んでも、上手に対処できます。

ところが、商品紹介文を書く時には、目の前にお客さまがいません。お客さまに問いかけ、お客さまから回答を得るというコミュニケーションがとれないので、話の糸口を見つけにくく、筆が止まってしまうのです。結局、他社のカタログをまねして、ありきたりなことを書いてしまう……なんてことも。

商品紹介文を書くのが難しいと感じている人は、実はこのタイプが珍しくありません。でも、こうした場合の対処法はとても簡単です。目の前に相手が不在でコミュニケーションがとれないというのであれば、あらかじめお客さまからの「質問」をつくっておけばよいのです。

「どんな時に使うのがおすすめですか？」

「全くの初心者でも使うことができますか？」

「旬はいつ頃ですか？」

「贈り物にできますか？」

「なぜ、中小企業が使うのに適しているのですか？」


こうした質問をあらかじめ用意して、それに答えるようにしながら、商品紹介文を作成していくのです。聞かれたことに答えるという形式なので、「何を書こう……」と頭を抱える必要はありません。あたかも目の前にいるお客さまからの質問に答えるかのように、丁寧に回答していけばよいのです。

第2章で、お客さまが興味を持つ〈ピン！とくるポイント〉を質問形式でご紹介していきます。ぜひ、これらの質問をあなた自身に問いかけてみてください。「この商品はどうかな」、「うちのサービスではどう答えようか」、そのように考えるだけで、幅広い視点から商品の魅力を発見できるでしょう。

正解

4 得意なパターン〈型〉で書く

得意とする文章の〈型〉を身につけて、それに沿って書く

「こんな内容で商品紹介文を書こう」と決めたものの、なかなか書き始められないという悩みを持つ方も少なくありません。

少し乱暴な言い方になりますが、商品紹介文は、商品の魅力が伝わればどんな文章であってもかまいません。作文では大切にされる起承転結などの文章構成も、商品紹介文ではさほど重要ではありません。なぜなら、お客さまは好きなようになな め読み、拾い読みをして、順番通りには読んでくれないからです。

しかし、「商品紹介文はこのように書く」という決まりがないのが、逆に商品紹介文を難しくしてしまっている一面もあります。

そこでおすすめしたいのが、「自分が得意な文章の〈型〉を持つ」こと。決まりがないとはいえ、商品紹介文にはいくつかのパターン、すなわち〈型〉があります。自分が書きやすい、伝えやすいと思う〈型〉を習得すれば、それに沿って進めればよいので、スラスラ

と書き始められるでしょう。

ここで1つの例として、「理由を語る」パターン〈型〉をご紹介しましょう。見出しに対して、「その理由は……」と続けるものです。

このりんごジュース、直売所 売り上げ 5年連続 ナンバーワン!
―その理由は、材料となるりんごが違うからなんです。

夜中にトイレに起きたくないなら、このサプリ
―その理由は、少ない水で飲めるからなんです。

なぜ人気なのか? なぜ特別なのか? など、アピールポイントの理由を書けばいいので、どのような内容を書こうかと悩む必要がありません。

商品紹介文を上手に書く人は、こうした文章の〈型〉を自分の中にいくつか持っています。

・商品誕生のきっかけや失敗談などの過去を語る
・「最近〇〇してますか？」などの問いかけ・呼びかけをする
・お客さまや店員のセリフで書き始める

自分が得意とするパターンをいくつか持っておけば、商品やサービスが変わっても、スムーズに書き始められます。第3章では、さまざまなスタイル〈型〉の例を紹介していますので、あなたの商品に合ったスタイル、あなたが得意とする〈型〉を見つけてください。

正解

5 「わかりやすい」は後からつくれる

まずは気負わず文章を書き始め、後で微調整してわかりやすい文に仕上げる

商品紹介文は、必ず読まなければならない文章ではありません。だからこそ、「わかりにくい」と思われてしまった瞬間に読まれなくなる可能性が高いと言えます。
だからといって「わかりやすい文章を書かなければ！」と気負う必要はありません。肩に力が入ってしまうと最初の一文が書けなくなり、時間ばかりが過ぎてしまうからです。現代のビジネスはスピード勝負の一面がありますから、商品紹介文を書くのにあまりに時間をかけるのは得策ではありません。

実際、上手な商品紹介文を書く人に話を聞いてみると、彼らは最初からわかりやすい文章を書こうとはしていません。というのも、わかりやすさは後からつくれると知っているからなのです。

「『いいな、欲しいな』と思ってもらえるような商品紹介文にするためには、どんなことを書けばいいだろう？」とだけ考え、まずは文章をつくってしまいます。そして、その後から微調整をしていく。その方が早く、簡単にわかりやすい文章に仕上げられます。

わかりやすい文章にするテクニックは、第４章で詳しく紹介しています。商品紹介文が書けたら、こうしたテクニックを使ってわかりやすい文章に仕上げていきましょう。

良い商品紹介文への道は「楽しくつくる」ことから

ここまで紹介した商品紹介文の５つの〈正解〉を理解することで、あなたはもっと楽に商品紹介文をつくることができます。商品紹介文には「気楽さ」が大事。商品の魅力は、悩んだ先に表現されるものではないからです。

それは、インターネットやＳＮＳの現状を見ていると、よくわかります。企業が真面目につくったホームページやパンフレットより、ユーチューバーが楽しみながら商品を使っている動画の方が、魅力が伝わりやすいことも少なくありません。かっこいいキャッチコピーや美辞麗句で〝盛った〟情報でごまかそうとしても、今のお客さまは簡単に騙されません。うまく騙せたとしても、すぐにネット上で炎上する未来が待っているだけです。

大切なのは、お客さまと一緒に楽しむこと。友達や仲間に「これ、いいでしょ」と伝える時に、相手を騙そうなんて思いませんよね？　それと同じ気持ちで商品紹介文を書くことが大切です。

最近では企業側もそうしたことをわかってきて、「この商品のここが魅力的だと思いませんか？」と素直にアピールすることが増えてきました。良いものを「良い」と伝える。そのメッセージを受けて、同じように感じる仲間（お客さま）が集まる――それが現代の１番良いビジネスのあり方ではないでしょうか。

力んだり気負いすぎたりすると、なんだか嘘っぽい言葉になってしまいます。ぜひ、５

つの〈正解〉を活用して、素直に「これ、いいでしょう?」というメッセージを発信していきましょう!

次章からは、いよいよ商品の紹介文を書いていきます。まずは、あなたの商品が持っているアピールポイントを洗い出すところから始めていきましょう。

第2章

セルフ・インタビューで考える
7つの〈ピン！ポイント〉

商品の魅力を掘り起こす7種類の質問

なぜ商品紹介を「セルフ・インタビュー」で考えるのか?

第2章では、商品紹介文の中身を具体的に考えていきましょう。第1章で紹介したように、商品紹介文は「セルフ・インタビュー」をしながら考えるのがおすすめです。商品に関する「質問」を自分で考え、それに「回答」するようにして、商品紹介文を書いていくやり方です。この手法の大きなメリットは、商品紹介文に書くことが明確になることと、紹介文がシンプルでわかりやすくなることにあります。

優秀な営業担当者ほど、商品紹介文を書くのが苦手というケースが少なくありません。商品紹介文に書くことが見つからないのではなく、むしろ、その逆。商品紹介文に書くべきアピールポイントがありすぎて、何を書けばよいのかを迷ってしまうからなのです。

実際に目の前にお客さまがいれば、何かしらの質問をしてくれるでしょう。その質問に答えることで、自然と良い営業トークになっていきます。しかし、チラシやパンフレットに載せる商品紹介文を書く時、目の前にお客さまはいません。そのため、何を書いたらいいのだろう……と筆が止まってしまったり、「あれも書きたい、これも伝えたい」と情報過多になってしまったりするのです。しかしそれでは、読みやすくてわかりやすい商品紹介文は書けません。

そこで、セルフ・インタビューです。目の前にお客さまがいなければ、「質問」だけ用意して、それに「回答」すればよいのです。

Q.まったくの初心者でも使うことができますか？

例えば、この質問に、あなたなら（あなたの商品なら）どう答えますか？

はい、初心者の方にもわかりやすいように、動画による使い方案内を用意しております。それを見ながら使っていただけたら、すぐに使いこなせるようになりますよ。

使い慣れていない方でも迷わないよう、ボタンの数を極力、減らしてあります。シニアの方からもわかりやすいと評判ですよ。

このように「初心者に向けた案内」を伝えたり、「初心者に向けた工夫がされていること」をアピールしたりするでしょう。もしくは、次のように「初心者向けではない」ことを、あらかじめ伝えるかもしれません。

申し訳ございません。こちらは中・上級者用の学習コースとなっておりまして、実務経験がないと内容が難解かと思われます。初心者の方には、別のコースをご用意しておりますので、そちらをご検討ください。

あたかも目の前にお客さまがいて、「私、初心者なんですが、大丈夫でしょうか？」と質問された時のように頭が回転して、言葉が出てくるのではないでしょうか。

質問された内容に答えるスタイルなので、回答が自然とシンプルになりやすいのも大きなポイントです。商品の魅力を伝えたい気持ちが強いと、あれも伝えたい、これも教えたい、と話があちこちに飛んでしまうことが少なくありません。その結果、紹介文がわかりにくくなってしまっては本末転倒です。話が脱線しないようにできるのも、このスタイルの良いところでしょう。
質問の数に決まりはありません。数多くの質問に答えると、それだけ伝えられるアピールポイントも増えます。

Q．商品Aと商品Bの値段が違うのはなぜですか？
Q．この商品を買うのに適した時期（旬）はありますか？　それはいつですか？
Q．どこで買うことができますか？

このようにさまざまな「質問」に答えていくことで、多面的にあなたの商品の魅力を伝えることができます。この「質問」と「回答」を実際に商品紹介文として文字にする時、2つのスタイルがあります。1つは、「回答」だけを書くスタイル。

初心者の方でもわかりやすい、動画の使い方案内がございます。

もう1つは、「Q&Aの組み合わせ」を商品紹介文として載せていくスタイルです。

Q．まったくの初心者でも使うことができますか？
A．初心者の方でもわかりやすい、動画の使い方案内がございます。

商品紹介文を載せる媒体（チラシやホームページなど）の雰囲気や、他の商品紹介文との兼ね合いもありますので、一概にどちらが良いとは言えません。ですが、もし許されるのであれば、「質問」と「回答」をセットにして書くQ&Aの組み合わせスタイルで、商品紹介文をつくることをおすすめします。

まず「質問」は、それだけで目を引く効果があります。セミナーや講演会などでは、最後に質疑応答の時間があります。そこで誰かが質問をした際、あなた自身は特に質問したいことがないとしても、「何を尋ねるのだろう？」、「どんな質問をするんだろう？」と興味が湧いたことはありませんか？

商品紹介でも、それは同じです。自分は知りたいことがなかったとしても、誰かが質問したことには興味を引かれます。Amazonなどのネット通販サイトで買い物をする時、「Q

&A」を見てから買うという方も多いでしょう。「他の人はどんなことが気になっているのかな?」、「自分は気が付かない点を質問している人はいないかな?」と、他の方からの質問を参考にして、買い物をしている人も多いのではないでしょうか。

また、「質問」は比較的短い文章になることが多いのもポイントの1つです。商品紹介文を全て読まなくても、自分が気になった「質問」だけを拾い読みできるので、とっつきやすいイメージがあります。商品紹介文は、読んでもらわなければ何も伝えられません。「質問」を活用することで興味を引き、気軽に読んでもらえるというのは、とても大きなメリットなのです。

「質問」されると脳が動き出す

セルフ・インタビューで書くメリットは、まだあります。それは質問をされると、商品紹介文の書き手（あなた）の脳が活発に動くことです。

ここまでに挙げた「質問」を読んだ時、「自分の商品だったら、どう答えようかな……」と考えを巡らせませんでしたか? 商品紹介文に書くことがない、何を書けばよいのかわからない、と言っている方でも、いくつか「質問」をしてみると、大抵の場合は何かしらの回答が返ってきます。

商品の魅力を上手に伝えるためには、適切な質問をすることが大切です。多種多様な「質問」をすれば、それだけ商品の魅力も見つけやすくなります。

商品やサービスに魅力を感じるポイントは、まさに人それぞれ。商品のスペックに魅力を感じる人もいれば、それが世間で話題になっているから気になるという人もいるでしょう。自分と同じような人が使っていることを知って期待してくれる人もいれば、「この商品なら使いこなせそうだ」と魅力を感じてくれる人もいるはずです。そのようにお客さまが気になる点の1つひとつが、商品のアピールポイントの源泉になります。

本章ではたくさんの「質問」を用意いたしました。第1章でも触れた、お客さまが〈ピン！とくる情報〉に基づいた7種類の質問です。

① 「商品の特長」をわかりやすく伝えるための質問
「普通の○○とどこが違いますか？」など、他の商品との差別化ポイントを明らかにするための質問
② 「希少価値がある」ことを伝えるための質問

「1日に○個しか作れないのはなぜですか?」、「この地域で作られるものの品質が良いのはなぜですか?」など、希少価値を感じさせる要素を見つけるための質問

③「タイミングに合っている」ことを伝えるための質問

「どんな時によい商品ですか?」、「母の日のプレゼントに適していますか?」など、どのタイミングに適した商品なのかをアピールするための質問

④「評価されている」ことを伝えるための質問

「1番売れているのはどれですか?」、「どのような点が人気なのですか?」など、評価されている点を明らかにする質問

⑤「変化をもたらしそう」と感じてもらうための質問

「これを使うと、何がどう変わりますか?」、「何日くらいで変化が現れますか?」など、変化を描くことで、お客さまの期待感をふくらめる質問

⑥「自分と同じ」と感じてもらうための質問

「60代の生徒さんもいますか?」、「女性も買っていきますか?」など、自分と同じような人が買っているのだと、共感を覚えてもらうための質問

⑦「使いこなせそう」と感じてもらうための質問
「初心者でも大丈夫でしょうか？」、「こんな場所でも使えますか？」など、自分にも使いこなせそうだと、安心して購入してもらうための質問

全ての「質問」に答えなくても構いません。また、順番にこだわる必要もありません。あなたの商品を買うお客さまなら、どんなところが気になるのかを想像しながら「質問」を選び、それに答えてみてください。さまざまな視点から見ることで、あなたの商品の魅力が数多く発見されるでしょう。

では、早速、あなたの商品に「質問」をしていきましょう。

ピン！ポイント

1「商品の特長」をわかりやすく伝えるための質問

まずは、商品紹介で最も大切な「商品の特長」、つまりは商品の魅力を明らかにする質問をしていきましょう。

商品紹介というと、「大きさが何センチで、重さが何グラム」、「○○の機能付き」といっ

たいわゆる「スペック」を語ることだと考えている方も多いでしょう。しかし、そうしたスペック情報は、ある程度の商品知識がなければ、それがすごいことなのか、さほどでもないのか、判断できません。商品知識をあまり持たないお客さまでも興味を持ってもらえるような商品紹介をするために、まずはこちらのシンプルな質問に答えてみてください。

Q．普通の○○とどこが違いますか？

買い物で誰もがやっている行為、それは比較です。気に入った洋服をお店で見つけたとしても、すぐさまレジに持って行き、買い物終了……とはなりませんよね。多くの場合は「他の服も見てみよう」、「他のお店も見てみよう」と、比較するはずです。

インターネットが発達したおかげで、お客さまはたくさんの商品を見比べられるようになりました。同時に、情報が多すぎると感じているお客さまも増えています。

そこで大切になってくるのは「うちの商品はここが違います」、「うちのお店は、他店さんより、こんなところに力を入れています」と、こちらから差別化ポイントを明示していくこと。こうした情報があれば、お客さまは迷うことなく、あなたの商品を選ぶことができますね。

「普通の○○と、どこが違いますか？」

「他のお店とどこが違いますか？」

「他社の似たようなサービスとは、何が違いますか？」


お客さまからこのような質問をされたら、あなたはどう答えますか？

あるワイシャツ店では、この質問に対し、このような回答をしました。

Q. 普通のワイシャツとどこが違いますか？

A. シャツ専門店が作ったワイシャツは、あなたをスマートに見せる工夫が散りばめられています。まずは1番目立つ襟元。ネクタイを締めた時もノーネクタイの時も見ばえがよくなるよう、特殊な中芯を仕込んでいるため、首元がすっきりして見えます。

次にポケットの位置。位置を高めにとることで、胸を張った自信に満ちたスタイルになります。ボタンの数と位置にも注目です。市販のシャツよりボタンを多めにし、ウエスト周りもしっかりとフィットさせているため、すっきりスマートに見せます。

このように説明されたら、「そうか、普通のシャツとは違うんだな」とわかってもらえますね。

この質問への回答は、「世界中でこの商品だけの特長」、「他のどの店でもやっていないサービス」といった高度なレベルを求めているわけではありません。「よくある商品よりもサイズを一回り小さめに作ってある」、「一般的なお店より、赤やオレンジなどの暖色系の服が充実している」、「元気な接客が当店のウリ」などで構いません。

「一般的な商品よりも小さめサイズになるよう努力しました」、「お客さまから『この店は他の店より暖色系の洋服が多いね』とよく言われます」、「地域で1番元気な接客を目指しています」などの言い方でも大丈夫です。あなたの商品は「普通の○○」、「他店の○○」とどこがどう違いますか？

Q.「良い○○」を選ぶには、どこを見たらいいですか？

この質問で聞かれているのは「目利きのポイント」。例えば、おいしいりんごを見極めるには「色・おしり・軸」を見ることだと言われています。そこで、あるりんご農家さんは、この質問に対し、このように答えました。

> **Q.**「おいしいりんご」を選ぶには、どこを見たらいいですか？
>
> **A.** 全体的に赤く、色つやの良いりんごは甘みが強く、味が濃いです。また、おしりの部分が光っているように見えるりんごは蜜が入っています。軸にも注目です。軸は栄養を行き渡らせるパイプの役目。だから、ここが太いりんごは甘みが詰まっています！

この情報（＝目利きポイント）を知っていたら、お客さまもおいしいりんごを選べますよね。プロであるあなたなら、そのような目利きのポイントをよく知っているのではないでしょうか。

あなたの扱っているのがサービスであっても、きっと同じように「目利きのポイント」があるはずです。その商品のプロであるあなたが目利きポイントを教えてあげると、お客さまが商品を見るポイントがはっきりします。

Q：良い家事代行サービスを選ぶには、どこを見たらよいですか？

A：次のポイントに注目してみてください

・家事代行サービス認証を取得している会社が安心です

・料金設定がシンプルなところは、後から「こんなにオプション料金がかかるの!?」というトラブルがありません

・まずはメールや電話で質問してみましょう。回答が丁寧な会社は安心です。逆に訪問日を強引に決めさせてくる会社は要注意です

「りんごはおしりを見る」、「良い家事代行サービスを選ぶにはこのような点をチェックする」とわかれば、お客さまは安心して商品・サービスを選ぶことができますね。

挙げる目利きポイントの数に決まりはありませんが、3つ程度にまとめると読みやすさと説得力のバランスが取れやすいでしょう。

目利きポイントには、プラスの目利きの他に、マイナスの目利きもあります。「ここがこうなっているのはダメ」という目利きポイントです。

Q 避けた方がよい物件は、どこを見ればいいですか?

A 誰にとっても良い物件、誰にとっても悪い物件というものはありません。ただし、使う人によって避けた方がよい物件というものはあります。

女性の一人暮らしでは、セキュリティ上、1階のお部屋は避け、2階以上のお部屋をおすすめします。また、帰宅時間が遅くなるお仕事をされている場合は、最寄り駅からの道が暗い物件も避けた方が無難です。

「こんな商品は避けた方がいい」と事前に伝えておけば、お客さまを無用なトラブルから遠ざけられますね。

あなたの商品・サービスを選ぶ時、お客さまはどこに注目したらいいでしょうか？　ぜひ「目利きポイント」を教えてあげてください。

Q. 商品Aと商品Bは何が違いますか？

あなたがレストランに入った時、メニューに「Aランチ」と「Bランチ」があったとしたら、「AランチとBランチは何が違うんだろう？」と気になりませんか？　お客さまもあなたと同じように、それぞれの「違い」が気になるものです。

「商品Aと商品Bは何が違うのですか？」と、お客さまから質問をされたら、あなたはどう答えますか。

ある旅館のホームページにはこのようなQ&Aが載っていました。

> **Q.** 桜旅館の「本館」と「新館」はどう違いますか？

A.「本館」は小さなお部屋が離れとなっており、静かに時間を過ごしたい方向けです。お食事は和食を中心に、お部屋食となっております。「新館」はお子様連れのご家族に楽しんでいただけるような温浴施設やビュッフェ会場を備えております。

「本館」、「新館」という名前だけではその違いがわかりませんが、このように書かれていたら、静かに時間を過ごしたい人は本館、家族連れで楽しみたい人は新館の情報を見ればいいとわかりますね。このように、あえて別の商品と並べると、それぞれのアピールポイントが引き立ちやすくなるのです。

また、2つの商品を並べてどちらのメリットも語る〝応援合戦〟のようなかたちにすると、両方とも欲しくなるという効果が期待できます。あるサービスエリアでは、「鯛の干物」と「イカの干物」のどちらも人気商品でした。そこで、それぞれの干物が好きな店舗スタッフさんに応援合戦のようなＰＯＰを書いてもらったのです。その内容がこちら。

Q. 鯛の干物とイカの干物、どちらがおいしいですか？

A．販売部のササキです。私は鯛の干物が好きです！　そのまま焼いて食べてもおいしいのですが、鯛めしにするのも美味しいですよ～。炊飯器に入れる前に少し炙っておくと、香ばしさが高級料亭のよう。特別な日でなくても食べたい味です。
総務部のキムラです。私は断然、イカの干物派！　特におすすめなのは、フライパンに七味、バター、醤油を入れて焼く食べ方です。おつまみっぽいですが、我が家では子どもたちに大人気のメニューです。

こんな風に、「Aがいいよ」、「私はBが好き！」と言われると、どちらも欲しくなるのが人情の常。実際にこのような応援合戦ＰＯＰを作ったお土産物屋さんでは、どちらの売り上げも上がったそうです。
２つの商品をあえて比べることで、「２つは違うものなのだな」とわかってもらい、さらには「その違いは何だろうか？」と興味を持ってもらうこともできるでしょう。あなたが２つ以上の商品をお持ちでしたら、ぜひこの質問をして、その違いをアピールしてみてください。

Q. 値段が違うのはなぜですか？

同じような商品だけれども値段が違う——そんな商品を扱っている方も少なくないでしょう。きっとその値段の差には、何かしらの理由があるはず。値段が違う理由や背景を明らかにしておくことで、高い方を買うお客さまにも、安い方を買うお客さまにも納得して買っていただくことができます。

そこで、お客さまから「値段の差は何が違うからですか？」と聞かれたと想定してみてください。あなたならどのように答えますか？

あるイヤホン専門店では、このような説明をしていました。

Q. 2つのイヤホンで値段が違うのは、何が違うからですか？

A. この2つのイヤホンでは、「ノイズキャンセリングの機能」の有無が異なります。外の音を機械的に打ち消すノイズキャンセリングの機能があると、静寂の中で音楽を聴けるため、その曲本来の音を愉しめます。

このように「高価な方にはこんな機能がついており、こんなメリットがありますよ」と伝えることで、片方のイヤホンにしかない機能に注目してもらうことができますね。逆にその機能は必要ないというお客さまには、納得して安い方のイヤホンを選んでいただくことができます。

あなたの商品・サービスが競合他社と比べて高いという場合、おそらく値段が高いだけの理由があるのではないでしょうか。その理由を明らかにすれば、値段の高さを逆にアピールポイントにすることができます。

Q：一般的な学習塾より月謝が高いように思うのですが……

A：はい、地域の一般的な学習塾に比べて、当学習塾の月謝は高いと思います。その理由は3つございます。

①夏期講習・冬期講習などで追加料金をいただきません
②生徒1人ひとりに合わせた教材をオーダーメイドで作ります
③受講する時間は無制限。毎日でも塾に通ってください

これらのサービスが「追加料金が必要なオプション」になっている塾も少なくありません。その点に留意してご確認ください。

このように他店・他社より高額な理由をちゃんと伝えると、料金が高いのはそれ相応の理由があるんだなとわかってもらえますね。金額が予算内か、それより少しオーバーするくらいであるのなら「値段を取るか、質を取るか」と、お客さまも検討してくれるはずです。

あなたの商品・サービスで「値段が異なるもの」はありますか？ ぜひ、その違いの理由をアピールしていきましょう！

ピン！ポイント

2 「希少価値がある」ことを伝えるための質問

人は希少価値があるものに興味を引かれます。大辞泉（小学館）によると、希少価値とは「少なくて珍しいために生じる価値」、つまり〝レア〟だからこその価値ですね。

私たちは、「地域限定」、「限定○個」、「新商品」という言葉に、不思議と期待感を持ってしまいます。「おいしい桃」と書かれているだけでは素通りしてしまうのに、「ここでしか食べられない桃」、「1シーズンにわずか300個しか収穫できない桃」、「品種改良により従来品より甘味が30％増した桃」と言われると、なんだかとても魅力的に思えてきませんか？

このように「希少価値がある」という情報は、お客さまの興味のアンテナを絶妙にくすぐります。あなたの商品・サービスの持つ希少価値は何でしょうか。これらの質問に答えて、あなたの商品ならではの希少価値を見つけ出してください。

Q. 何個作ることができますか？

希少価値とは、シンプルに言えば、次のどちらか、または、その両方で生じます。

①生産数が少ない
②欲しい人が多い

例えば、あなたの商品やサービスが「作るのに時間がかかるため、多くは作れない」というものなら、それがまさに希少価値となります。

Q. このプリンは1日に何個作ることができますか?

A. この「プレミアム プリン」は、卵、牛乳、生クリームなどの材料から1つひとつ手作りしているため、とても時間がかかります。そのため、1日に20個しか作ることができません。予約は受け付けておらず、早ければ数時間で売り切れとなってしまいますので、ご来店は午前中がおすすめです。

ぐっと興味が湧き、「レアなプリンなんだな」、「じゃあ、午前中から並ぼうか」と思いますよね。「残りあと3個です」と聞かされたら、以前から欲しかった人は「早く買わなきゃ!」と焦るし、その商品を知らなかった人にとっても、「へぇ、売れている物なんだな」と印象に残るでしょう。

あるケーキ屋さんでは、ショーケースの上の目立つところに小さなホワイトボードが置いてあり、手書きで次のように書かれていました。

1日限定10本の「プレミアムロールケーキ」
本日はあと「2」本です

1日限定10本のロールケーキが売れるたびに、数字が書き換えられていきます。手書きだからこそそのリアリティがあり、「あと2本しかない！」とお客さまに希少価値を感じさせる仕掛けになっています。

その他にも「原材料」や「素材」に希少価値がある、というのもアピールポイントになります。

Q:「プレミアムオイルマッサージ」が毎月限定10名までなのは、なぜですか？

A:「プレミアムオイルマッサージ」は、その名の通り、特別なオイルを使ったマッサージコースです。

希少なクロアチア産オリーブや、月曜日にしか収穫されないマンデーアルガンオイルなど、レアな素材を使い製造されるこのオイル。世界中にファンがいるため、いつも争奪戦になります。私どものサロンでも交渉をして、何とか現在の輸入量を確保している状態であるため、これ以上、人数を増やすことができません。なにとぞご了承ください。

このように説明されたら、「なるほど、貴重なオイルなんだな」とわかりますね。そして、「そのオイルを使うマッサージコースも、また良いものなんだろうな」と想像してもらえるでしょう。

また、あえて「生産量を絞っている」、というケースもあるでしょう。

Q. なぜ、月に10着しか注文を受けないのですか？

A フェルトラパンでは開店当初から、月に10着しか作らないと決めています。それは以前、自分たちの能力を超えた数の注文をすべて受け、職人３人全員が体調を崩してしまったからです。

　職人としては、お客さまからのご注文は本当に、本当にありがたいです。私たちは１カ月の注文がゼロだった時を経験しているので、なおさらです。

　だからこそ、１つひとつのご注文を大切にしたい、自分たちも万全の状態で洋服を作りたい。そのような考えから、１カ月に作る服は10着まで、というルールを決めました。


　このように「少数しか作れない（作らない）理由やストーリー、想い」を聞かせてもらうと、そのブランドに対する気持ちも変わってきますよね。ビジネスとしては、たくさん売れるなら売ってしまいたいとなるところ、生産量を抑えるのですから、そこには何かしらの理由があるでしょう。それを語ることで、希少価値、ならびに企業や職人としての誇りが見えてきます。

　あなたの商品、サービスは、いくつ提供できるものですか？　その希少性をアピールしていきましょう。

Q. それを作れるところ（場所・人）は限られますか？

「生産数が限られている」という以外に、「作れる場所や人が限られる」という場合にも希少価値は感じられます。

Q. そのカシミヤが作られる地域は限られますか？

A. はい。カシミヤは、アジアの寒暖差が激しい山岳地帯にしか生息しないカシミヤ山羊から取られます。中でも、この「毛足の長い、特別なカシミヤ」は、内モンゴル自治区・阿拉善（アラシャン）の標高1500メートルを超える高地でしか取れず、世界一のカシミヤとも呼ばれています。この厳しい環境でしか、世界一のカシミヤは生まれません。

どうでしょう。このカシミヤに希少価値を感じませんか？「この場所でしか作れない」、

「他の場所では作れない」という情報は、珍しいもの、貴重なものを探すお客さまにピン！とくること、間違いありません。

Q. この工場で作られるウイスキーがおいしいのは、なぜですか？

A. ウイスキーの味を決める大切な要素の1つが、水です。この工場は、そもそもきれいな水を探して作られました。きれいな水を探して全国各地をまわり、最も良い場所に工場を建てたのです。それから40年。もともとの自然環境を壊さないように樹を植え、水を守って参りました。この土地に水をいただくからこそ、このウイスキーはおいしいのです。

このように「そこで作られる物が良いのはなぜですか？」という聞き方もいいですね。自社商品をほめるのは気恥ずかしいという人も、「なぜおいしいのですか？」とお客さまから聞かれたと考えれば、答えやすくなるでしょう。

また、「ここでしか買えない」という物もあります。

Q.「わらび餅」は店内でしか食べられないのですか？

A. はい。本物のわらび粉を使って作っているため、食感が保てるのは、わずか30分だけ。そのため、作りたてを店内でしか召し上がっていただくことができません。通信販売などでお届けすることができないかと試行錯誤はしておりますが、今のところ良い方法がなく……。ぜひご来店いただき、お店でしか食べられない「わらび餅」をご賞味ください。

こう言われたら、お店に赴く意味や価値が大きくなりますよね。そして、こうした希少価値はクチコミでも広まりやすい要素です。「あの店でしか食べられないんだよ。行ってみない？」と、他の人を誘うきっかけになるでしょう。

その他にも、人の希少さに着目するのも1つの手です。あなたの商品を作る人やサービスを提供する人は、実は〝レアな人〟ではありませんか？

Q. このヘアカットができる美容師は限られますか？

A. はい。この特殊なカットは協会の指導のもと、3カ月以上のトレーニングと8種類の試験すべてに合格しないと行うことができません。協会のホームページによると、滋賀県では4名。大津市では、私どもの美容院だけがそのライセンスを持っています。

そんなレアな美容師さんがいるところなら、一度行ってみようかなと興味が湧きそうです。あなたの商品やサービスは、さまざまな意味での希少価値を持っているはずです。ぜひ、その価値をアピールしていきましょう。

Q. **売れ行きは好調ですか？**

その商品を欲しい人が多ければ多いほど、希少価値は高まります。

こちらのハンドメイドバッグは、現在、たくさんのご注文をいただいております。今ご予約いただくと、約3カ月後の発送となります。

こういった「売り切れ」、「○カ月待ち」などの情報を聞くと、その商品により魅力を感じるものです。商品にさほど関心がなかった人も、「売れている」と聞くと、ちょっと興味が湧いてくることもあるでしょう。

あなたの商品が売れているという情報は、まさにアピールポイント。その魅力を伝えるため、この質問に答えてみてください。

Q. 売れ行きはどうですか？

A. おかげさまで、このお団子は1日300本以上、売れています。皆さんのおいしそうなお顔が、なによりうれしい私（店長 兼 団子焼き職人）です。

ポイントは、具体的な数字を出して売れ行き好調をアピールすること。「お団子が売れています」より、「1日に300本以上売れています」の方が、多くの人が買っている印象になりますよね。

「1秒間に100個売れています」、「すでに100件の予約が入っています」、「1万いいね！を超えました」など、数字の「単位」を変えると、伝わるイメージも変わります。よりイメージが湧きやすい単位を考えてみましょう。

他にも、「遠方からお客さまが来てくれている」とアピールするのも売れ行きの好調さが伝わります。

Q 1番遠くから来ているお客さんは、どのあたりから来ていますか？

A 静岡市内にある私たちの音楽教室まで、遠く御殿場から高速道路で2時間以上かけて通っている生徒さんがいらっしゃいます。

具体的な「地名」を挙げることで、そのエリアに住む人であれば、よりリアルに感じてくれるでしょう。

「あなたのマッサージでないとリラックスできないの」と、遠く仙台から飛行機で毎月いらしているお客さまがおられます。

全国のお客さまを相手にしているようなお店なら、地名だけではなく「所要時間」や「移動手段（飛行機で／高速道路で）」を描くと、より伝わりやすくなります。

Q. それは新しい○○ですか？

「新商品」と聞くだけで興味をそそられる人は少なくありません。新店舗、新人、新事業など、〝新〟がつく言葉には期待や希望を感じるものです。そこで、あなたの商品紹介文の中にも「新」というキーワードを入れ込むことを考えてみましょう。

と言っても、いわゆる「新商品」である必要はありません。従来からある商品であっても、「新常識」や「新ルール」などと表現すれば、「新しいスタイルに合った商品なのだな」と思ってもらえます。「新」というキーワードは、「新商品」や「新サービス」でしか使えないわけではないのです。具体的には、このように表現してはいかがでしょう。

Q. 中学生の息子がいます。今どきの学習塾の選び方を教えてください。

A. はい、「中学生のうちから、大学受験を意識した塾を選ぶ」、それが令和の塾選びの新常識です。

Q. クローゼットの肥やしになってしまっている服がいっぱいあります。どうやって整理したらよいでしょうか？

A. 洋服を減らす新ルール、それが「6・3・3」ルールです。このルールは……

このように、「新常識」や「新ルール」といった言葉には、お客さまをドキッとさせる効果があります。「あれ？ 自分の知っている常識はもう古いのかな？」、「今どきの新しいルールって、どんなものだろう？」など、「何か変わったのかな？」と思う気持ちが生まれると、その答えを知りたくなるものです。自然と、その先に続く文章が読みたくなってきます。

また、新しさをアピールしたい時には、「時を表す言葉」を一緒に添えると、イメージがより具体的になります。「令和」など元号や、「20xx年」といった西暦を使うと、「今の時代」、「今年の」といったイメージを共有しやすくなります。その他にも「今年の春は」、「この冬のトレンドは」などと四季をキーワードに使うのもおすすめです。

一方、本当に新商品や新サービスを発売するなら、その「新しさ」をもっとお客さまに理解してもらいたいですよね。そこでぜひアピールしたいのが「旧商品との違い」です。

Q. 新商品「AZ-200MH」は、これまでの掃除機とどこが違いますか?

A. 1番変わったのは、その静かさです。吸引力やバッテリーの持続時間は、これまでもお客さまにご満足いただけておりました(※お客さまアンケートより)。しかし、作動音は「夜中に使うと、隣の部屋に聞こえないか気になる」、「子どもが起きてしまうことがある」などの声をいただいておりました。開発部は2年の歳月をかけて改良。「静かな掃除機」と胸を張って言える新製品ができあがりました。

「ここが変わりました」と明示すると、進化したポイントに気づいてもらえます。「もしかしたら誰も気づかないかも……」と不安になるような〝隠れた進化〟もちゃんとアピールして、理解してもらいましょう。

Q. 新しいテニスコートは、これまでとどこが違いますか?

A. 新しく張り替えたテニスコートは、ひざや腰への負担が軽い素材を使いました。プレー中はあまり変化を感じられないかもしれませんが、練習後にひざや腰があまり疲れていないことに気づいていただけると思います。

「この点に注目して」と言われると、そこに意識が向かいます。言われなければ気づかなかったような小さな変化でも、「なるほど。確かにそうかも……」と、その変化や魅力を認識してもらうことができるでしょう。

せっかくの新商品・新サービスですから、「良くなったところ」、「昔と違うところ」をわかってもらいたいですよね。

ピン!ポイント

3 「タイミングに合っている」ことを伝えるための質問

「今が旬の果物です」、「エアコンは今が買い時です!」そんなふうに言われたら、気になりませんか? 「今が1番おいしいのだろうな」、「今回を逃したら、もう買えないかもしれない」、「今が1番お買い得なんだろう」と心を動かされるのが、「旬」や「今」といった「タイミングを表す言葉」です。

また、人は自分が必要とする情報には、ピン!とアンテナが反応します。例えば「母の日のプレゼント」を探している人には、「母の日にどうぞ」と書かれたお花やお菓子が目に飛び込んでくるものです。子どもが来春に小学校に上がるというご家庭なら、「小学校準備フェア」という文字に引き寄せられるはず。昇進して部下ができた人なら、「課長になったら読む本」が気になるし、初めて恋人ができた人は、「恋人ができたら知っておきたい7つのお店」といった見出しに興味を引かれるでしょう。

商品紹介文にも、この心理をうまく活かしていきましょう。「ちょうどそれを知りたかったんだ」、「今、それが欲しかったんだよ」と思ってもらえれば、紹介文も読んでもらえること間違いありません。では、タイミングにはどのようなものがあるか、一緒に見ていきましょう。

Q. どんな時にぴったりの○○ですか？

あなたは「夏休みにキャンプに行こう」と予定しているとします。そんな時、雑誌やテレビで「キャンプ特集」をやっていたとしたら、きっと気になりますよね。そのように、「お客さまが気になっていること」は、強力な〈ピン！ポイント〉となります。あなたの商品がどんな時、どんなシチュエーションにぴったりなものなのかを、この質問に答える形で表現してみましょう。

Q. どんな時にぴったりのバッグですか？

A：このバッグは「女性の1泊旅行」にぴったりのバッグです。1泊とはいえ、女性の荷物は多くなりがち。宿泊先に着くまで持ち歩いても苦ではないつくりが求められます。この旅行用バッグは、十分な収納力がありながら、肩掛けもできる優れもの。大人っぽいシックな色（4色展開）は、どんなファッションにも似合います。

Q：どんな時にぴったりのバッグですか？

A：こちらのバッグは「2泊3日の旅行」におすすめのバッグです。キャリーバッグのように車輪がついていますが、とても軽いのでボストンバッグのようにも使える2WAYバッグです。階段の多い駅などでは手持ちでボストンバッグとして、お土産などが入って重くなったらキャリーバッグとして、ラクラク移動。2泊3日のどのシーンにも合うキャリー&ボストンバッグです。

それぞれ商品特長はありますが、そのすべてを細々と説明するより、「こんな時にぴったりのバッグです」と言えば、お客さまも活用シーンがイメージしやすいですね。他にも「こんなタイミングで使います」、「こんな場面にしっくりくるように作りました」といった言葉も、ピン！ときやすくておすすめです。

Q．どんな時に飲むのに適したコーヒーですか？

A．オフィスに着いたら飲むコーヒーです。一般的なコーヒーよりコクがある豆を使い、苦味が少し強く感じられるような焙煎をしました。朝、オフィスに着いて、「よし、今日もがんばるぞ！」と気合いを入れる……そんな瞬間をイメージして作りました。

Q．どんな食事にぴったりの白ワインですか？

A．お寿司を食べる時に飲んでもらいたい白ワインです。開発者の私自身、1番の好物がお寿司です。お寿司にはさまざまなネタがありますので、ぴったり合うワインは微妙に異なります。この白ワインは、極力、寿司ネタを邪魔しない、黒子に徹したワインに仕上げました。お寿司という主役をうまく引き立て、それでいて存在感のある脇役を、ぜひお試しください。

「コーヒー」、「白ワイン」と聞いて思い浮かべるシーンは人それぞれです。でも、「朝、オフィスに着いた時に飲むコーヒー」、「お寿司を食べる時に飲む白ワイン」と言われたら、具体的な場面が頭に描かれますよね。想像させることは、「それ、欲しいな」と思ってもらう第一歩。ぜひ、イメージが湧くようなシチュエーションを見せていきましょう。

また、この表現方法は、モノだけでなくサービスを紹介する時にも効果的です。

Q. どんな時にぴったりのサービスですか？

A. 「入学準備サービス」は、お子さんが幼稚園・保育園、小学校に上がる時におすすめのサービスです。先輩パパさん・ママさんに聞くと、「入学前の手作り品の準備や、鉛筆やクレヨンに名前を書くような細かい準備が本当に大変だった」という声が数多く挙がります。年度末でお父さん、お母さんも忙しい時期。でも、入学準備は避けられません。そんな時、ぜひこのサービスを思い出してください。お子さんが入園・入学される幼稚園や学校に合わせて、必要なものを準備いたします。

お子さんが入学直前というタイミングのご家庭なら、最も気にかかるのは入学準備のことですよね。まさに今、気になっていることは、確実にピン！とくるキーワードになります。あなたの商品は、どんな「タイミング」にぴったりの商品ですか？

Q. こんな日の贈り物に適しているのはなぜですか？

誕生日、クリスマス、父の日・母の日、結婚記念、入園入学・卒園卒業祝い、出産祝い、内祝い、新築祝い、開店祝い、〇周年記念……日本には多くの「贈り物をする機会」があります。自分のために購入するものであれば、自分の好みや都合だけで買うことができますが、贈り物だと勝手が違います。「どんなものを贈るのがいいのだろう？」、「こういうものを贈るのはおかしくないかな？」と考えなくてはならないことも多くなってきます。

そこでおすすめしたいのが、あなたの商品が「こんな時の贈り物に適しています」とアピールすること。例えば、あなたの商品やサービスが誕生日プレゼントに勧めたいものであれば、ぜひこのような質問に答えてみてください。

Q. なぜ「家事代行サービス」は誕生日プレゼントに適しているのですか？

A. 誕生日という特別な日だからこそ、非日常を贈りませんか？　誕生日はその方にとって年に1日だけの特別な日。だからこそ、日常を忘れ、特別な1日を過ごしてもらいたいですよね。お母さんやお父さんにとっての日常の代表格は日々の家事ではないでしょうか。特別な1日は、毎日の家事を忘れて、自由に過ごしてもらいたい……そんな想いが伝わるものとして、誕生日プレゼントに選ばれています。

このようなQ&Aは、誕生日プレゼントを探している人ならば、きっと注目します。誕生日のプレゼントに家事代行サービスを考えていなかった人も、「なるほど、そういうプレゼントもアリだな」と思っていただけたら、選択肢の1つに仲間入りです。
このQ&Aは、誕生日以外のプレゼントにも、もちろん使えます。

Q. なぜケーキセットが「父の日」のプレゼントに適しているのですか？

A. 意外に思われるかもしれませんが、実は「甘いものが好きなお父さん」は多いのです。芸能人でもスイーツ好きの男性が多くいるように、甘いものが好きな男性が多いのは周知の事実。

でも、ケーキショップで好きなスイーツを選ぶのは、まだまだ多くの男性にとっては照れくさいもの。お父さん世代なら、なおさらかもしれません。このケーキセットが父の日のプレゼントとして選ばれているのは、男性が好きな甘いスイーツ、かわいいスイーツを集めたセットになっているから。これならお父さんも好きなスイーツを選び放題、食べ放題です。父の日だからこそ、お父さんに甘い贈り物をしてみませんか？

Q.なぜ高級イヤホンが「入学祝い」に選ばれているのですか？

A.ここ数年、3月、4月に入学祝いとして高品質なイヤホンを贈られる方が増えています。音楽の定額制サービスや動画、SNSなど、スマホで音楽や音声を聞く機会は以前よりもずっと増えました。そんな時にうれしいのが、音の良い高品質なイヤホン。英語のヒアリングが宿題に出る学校も多く、趣味だけでなく、勉強にも役立ちます。ほとんど毎日使うものでありながら、友だちにも少し差をつけられるのが、高級なイヤホン。せっかくの機会ですから、贈った相手に喜ばれるものをプレゼントしてはいかがでしょうか。

このように「父の日」や「入学祝い」といったシーンでも、この質問は効果を発揮します。あなたの商品・サービスは、どんな贈り物に適していますか？

Q.「旬」はいつ頃ですか？

「ぶどうは今が旬です」と聞いたら、それまで特にぶどうを食べたいと思っていなかった人も、不思議とぶどうが気になり始めるのではないでしょうか。「旬」や「今が買い時」という言葉には、心を動かす力があります。

旬というと、一般的には果物や魚などの食べ物を思い浮かべる方が多いでしょう。「さくらんぼの旬は6月から7月」「ヒラメは冬が旬」といった情報を見聞きした記憶がある方も多いかもしれません。

食べ物の他には、観光地も旬がよく語られます。その地域が1番魅力的になる見頃の季節を「旬」という言葉で表現している地域も少なくありません。

・奥入瀬は実は、梅雨の時季が旬。苔が最も美しい季節です。
・冬が旬の観光地と言えば、白川郷。合掌造りの屋根に雪が積もっているさまは、写真には写らない魅力が感じられます。

旬をアピールする時には、2つのポイントを伝えるのがコツです。1つは時季。どのシーズン、何月、といった情報がまず大切です。もう1つは「それ以外の時季と何が違うのか?」を示すことです。

Q. シラスの旬はいつですか？

A. 駿河湾のシラス漁は、春と秋の年2回。特に今の季節（9月〜10月）に獲れるシラスは脂が乗って、他の季節のシラスとは、旨味が違います。漁の時期、獲れたての鮮度の良いシラスでしか食べられない生しらすは絶品です！

このように、「旬の時季」と「旬のものは他とどう違うか」を伝えると、「なるほど。それならば旬のものがいいな」とお客さまに思っていただけます。

他にも、ワインなどで「今年は当たり年だ」と言ったり、エアコンなどの家電製品で「今が買い時」と謳ったりするのを聞いたことはありませんか。

Q. 今年のワインの出来はどうですか？

A. 今年のこの地域のワインは、30年に1度の当たり年だと言われています。例年より日照時間が長く、収穫時期にはまとまった雨が降りませんでした。そのため、甘く、力強いブドウが育ちました。今年のワインは買いです。

Q. エアコンはいつ買ったらよいですか？

A. エアコンの買い時はズバリ10月〜11月。この時期は各メーカーの新機種が発売になるため、旧機種が値下がりする傾向にあります。夏のエアコン工事ラッシュも一段落していますので、工事日も希望の日が選びやすいでしょう。

あなたの商品やサービスにも、このような当たり年や買い時はありませんか？

・質の良い牛革が大量に輸入されたので、今年は革小物の当たり年です。

・ネイルサロンの旬は7月。サンダルの季節になると、ペディキュアと一緒に施術したいという人が増えますので、お1人当たりの施術時間が長くなります。そのため予約が取りにくくなる恐れがありますので、予約は梅雨が明ける前までに済ませておくのがおすすめです。

このように、食べ物以外にも当たり年や買い時はたくさん存在します。あなたの商品にもそんな「買い時」があるのではないでしょうか？

意外なところでは、「人」にも旬があります。例えば、経験を積んでいわゆる〝脂の乗り切った〟と言われる頃が1つの旬。単なる年齢だけでなく、さまざまな経験を積んできたからこそ、技術や気力、言動が最も充実しているという意味で、その人の旬と表現できます。

当設計事務所の代表、山田太一。これまで100軒以上の家を手掛け、さまざまなリクエストに応える中で、技術と対応力が鍛えられました。56歳、今が旬の建築家です。

このような紹介文を目にしたら、「この人に依頼してみようか」と興味が湧いてくるのではないでしょうか。また、「この時代だからこそ、人から求められる」という意味での旬もあります。

女性のお金の相談は、同性の方が話しやすい。女性が社会で活躍する時代だからこそ求められる女性ファイナンシャルプランナーが、あなたをお待ちしております。

あなたのお店や会社では、どのような人が「旬の人」と言えるでしょうか？

Q. 自分がどうなった時に買うものですか？

「大学生になったら読んでおくべき本」、「30代になったら読む本」、「上司になったら読んでおきたい2冊の本」……あなたが気になったのはどの本ですか？　おそらく、現役大学生の方は「大学生になったら読む本」が目にとまり、今30代の方は「30代になったら読む本」、最近部下ができたばかり、という方は「上司になったら読む本」が最も気になったのではないでしょうか。

このように、まさに今、自分がいるタイミングに関することやモノについては、自然と誰もが気になります。だからこそ、商品紹介文にも「この商品は、こんなタイミングの人におすすめです」と書くのが大切になってくるのです。

Q. 何歳になったら使い始めたいお醤油ですか？

A. このお醤油は、42歳になったら使い始めていただきたいお醤油です。男性の厄年、大厄は42歳。このくらいの年齢になると、食べ物が自分を作っていると実感される方が少なくありません。塩分が体に影響し始める一方で、職場での責任も増えてくる。どうしても外食が増え、夜も遅くなりがち……そんな「仕方ない年齢」の42歳。お醤油くらいは気を使ってみませんか？

42歳前後の方や、そのご家族は気になる内容ですよね。これが「減塩醤油」とだけ書かれていたら、どうでしょう？ 自分が使うべきお醤油だと気づかないかもしれません。しかし、「42歳になったら」と書かれていれば、「これは私や家族に必要な物かも……」と考え始めるきっかけになります。

こういったタイミングには、他にもいくつかあります。

・年齢／年代

「30代になったら知っておきたい保険のはなし」

「中学2年生からの最強の勉強法」

「何なら喜ばれる？　高校生になった孫に贈りたい入学祝い」

・ライフステージ

「子供が生まれたら買いたいクルマ」

「結婚したらはじめたい、マイホーム計画」

「定年の3年前には準備スタート！　セカンドライフの仕事と遊び」

・身の回りの変化

「恋人ができたら知っておきたい8つのお店」

「はじめての離乳食〜何を準備すればいい？」

「PTAの役員になった！　先輩パパ・ママが教える便利サービス　ベスト5」

・回数

「夜、トイレに起きる回数が3回を超えたらこのサプリ」

「テレワークで週に2回くらいしか出社しないなら、定期券をやめてコレはいかがですか？」

「月に5回以上お昼に外食をするのなら、このランチパスポートがおすすめです」

・年数

「ゴルフ歴7年を超えた方のためのパターです」

「経理の仕事に就いて5年以上経ったら、挑戦したい3つの資格」

「起業して3年以内なら申し込める特別融資があります」

・時間／時刻

「10㎞を1時間で走れるようになったら、このレースにチャレンジしてみませんか？」

「通勤時間が1時間以上というあなたにおすすめのアプリです」

「夜8時以降に食べても罪悪感のないスイーツ」

・希望／ニーズ

「引っ越ししたいなと思った時に見るサイト」

「借金で困った……という時に見るサイト」

※ポジティブ・ネガティブ両面から考えていきましょう

「こんな時に買う物です」、「こういう人におすすめのサービスです」というようにタイミングを示したら、「私が買うべきものなのかも……」とお客さまは気になり始めます。「まさに今、あなたの、そのタイミングに最適な商品です」とアピールしていきましょう。

年齢や昇進のようにわかりやすい変化もあれば、体の変化のようにだんだんと変化するため自覚しにくいものもあります。そのため、例えば「体重が増えてきたら」といった曖昧なタイミングでは、お客さまはピン！とこないかもしれません。自分では気づきにくいタイミングは、見せ方に工夫が必要です。

Q. どんなふうに感じたら飲みたいサプリですか？

A. 「あれ？ 去年のブーツがきつくなった」——そう感じたら、このサプリ。足がむくんでしまうのは、体の中の水分がうまく調節できていないから。それはカリウム不足かもしれません。このサプリなら、女性が1日に必要なカリウムを6粒で摂ることができます。

去年のブーツを履いてみたら、なんだかきつい。すんなり着られたはずのシャツのボタンが留めにくい。そんな体験をした覚えがある方は少なくないのではないでしょうか。「ブーツがきつく感じた時に飲むサプリ」とアピールしておけば、ブーツがきついと感じたタイミングで、きっとこのサプリを思い出してくれるでしょう。

では、同じ商品を「体の水分がうまく調節されていないと感じた時に飲むサプリ」と表現したらいかがでしょうか？　「このタイミングで飲んでほしい」という売り手の気持ちはわかりますが、「体の水分がうまく調節されていない」というタイミングを自覚するのは、なかなか難しそうです。

ブーツがきついと感じた時のように、リアルな体験やきっかけを描くことが重要なポイント。うまく思い浮かばない時は、実際に商品を購入したお客さまに「どのようなきっかけで購入したのですか？」と尋ねてみるのもいいですね。

また、あるお寿司屋さんでは、このようなタイミングを示していました。

Q 次は何カ月後に来たらいいですか？

A 次は3カ月後にご来店いただけると嬉しいです。季節が変わり、お出しできる旬のネタも変わります。今日とはまた違った寿司をお出しできますので、ぜひ、また3カ月後にお越しください。

「次は○カ月後がいい。それはこういう理由だから」と言われると、説得力がありますね。もちろん、お店を気に入って再訪してくれるのなら、次の日でも、1カ月後でも嬉しいものです。でも、「○カ月後がおすすめ」と伝えておけば、お客さまも「そうか、じゃあ次は季節が変わった時に来ようかな」と思ってくれることでしょう。あなたの商品やサービスは、どんなタイミングで使うとよいものでしょうか？

ピン！ポイント

4 「評価されている」ことを伝えるための質問

あなたは「チーズケーキ」と、「1日200個売れているチーズケーキ」のどちらを買いたいと思いますか？ 1日に200個も売れていると聞くと、「そんなにおいしいのかな？」、「なぜ人気なんだろう？」と気になりませんか？ 同じように、「五ツ星を獲得したホテル」、「クチコミサイトで4.3の評価をもらっているハンバーグ屋」、「プロのシェフたちが足しげく通う寿司屋」などにも興味を引かれますよね。

このように「売れている」、「評価されている」といった情報は、多くのお客さまがピン！とくる情報。あなたの商品・サービスにとって、宝物ともいえるものです。それを商品紹介文に使わない手はありません。では、「評価されている」ことをどのような言葉で表現すればよいか、一緒に考えていきましょう。

Q. これまでの「実績」を教えてください

あなたの商品やサービスにまつわる実績を、次のような視点で棚卸ししてみてください。あなたの商品は、きっとさまざまな実績をお持ちのはずです。

・販売個数

「これまでに3万ケース、売れました」
「38秒に1つ、売れています」
「1日最高500杯売れたうどんです」

まずは、これまでの販売個数をじっくり見返してみましょう。「これまでに○個売れた」

という事実はそれだけで評価につながります。それを販売期間で割ってみると、1カ月に、1日に、1秒にどれだけ売れたかわかりますね。その値はアピール材料に使えます。最高に売れた日のことも思い出してみてください。たとえそれが奇跡のような1日であったとしても、その実績は紛れもない事実。胸を張ってアピールしていきましょう！

・受賞歴

「BBグルメ グランプリ 金賞受賞のオムライス」

「7年連続 静岡県認定みやげに選ばれています」

「読者が選ぶ ベスト動物園 第3位にランクイン！」


何かの賞に輝いた実績も堂々とアピールしましょう。「○○賞」と名のつくものだけでなく、「△△認定」、「ランキング入り」といったものも、立派な評価の実績です。

・歴史

「東京 日本橋で創業100年」

「祖父も、父も通ったゴルフ練習場……通いなれた打席は、何だかほっとします」

「20年前に仕込んだウイスキー、やっと今年、出荷です」


どんなにお金を持っている企業であっても、時間や歴史は買えません。それゆえに積み重ねてきた時間や歴史は評価されるのです。「創業○年」というように年数を語るのはもちろん、長年、通ってくださっている常連さんの言葉も重みのある評価です。また、「○年の時間が必要」といった言葉も、時の重み、歴史の深さを感じさせます。

・取引先

「主な取引先：○○製菓、△△スーパー、××食品工業」

「取引先様インタビュー『この縫製ができるのはここだけ。○○ブランドのシャツを任せられるのはこの工場だけです』」

「この10年で取引先の数は12から350に増えました」

「主な取引先」を見せると、「このような企業に信頼されているのなら大丈夫だろう」と安心感を持ってもらえます。「なぜ自社と取引をしているのか？」を取引先さまの声として表現するのもいいですね。あなたの会社や商品が信頼される理由がわかります。

・マスコミ取材

「【マスコミ掲載履歴】当社のアクセサリーが○○マガジン12月号と△△画報3月号に掲載されました！」
「俳優のAさんは、いつもこちらの席に座られます」
「○○さんのインスタグラムに載せていただきました！　○○さん、ありがとう！」

テレビ離れ、雑誌離れと言われていますが、まだまだ雑誌やテレビに取り上げられた実績は評価につながります。

昨今は「○○さん（有名人）に愛用していただいています」といった内容をSNSに上げるお店も増えました。もちろん、プライバシーには十分配慮する必要がありますが、互いにイメージアップにつながるような投稿であれば、メリットにもなり得ます。インフルエンサーと交流ができるのもＳＮＳの醍醐味。互いのファンを巻き込んで、良い関係を作っていけると、より良いですね。

・お客さまからの評価

「92．3％のお客さまがこのシャンプーの「香りがいい」と評価してくださいました」

「リピート率80％超え！　もう1着欲しくなる、らくらくパジャマ。実際の利用者の声はこちら」

「お客さまからのリクエストで10日だけ復活！　原価率が高すぎて儲けにならないビーフシチュー」

「お客さまから評価されている」とアピールするのも大切です。リピート率を数字で表したり、利用者の声を見せたりするのもいいですね。また、「お客さまからのリクエストを受けて」といったアクションは、お客さまとの良好な関係性をイメージさせます。顧客から愛されているお店だとわかれば、「どんなお店なのかな?」、「きっと雰囲気のよいお店なんだろう」と想像が膨らみますよね。

あなたの商品やサービス、会社やお店は、ここまでに挙げたような実績をお持ちではありませんか? それらは、まさに宝物。ぜひ、アピールしていきましょう!

Q. どのような点がお客さまに評価されていますか?

ネットでクチコミやレビューが簡単に見られるようになり、「何かを選ぶ時には、それを買った人たちのクチコミを見てから決める」という人が増えてきました。それは裏を返せば、「お客さまのクチコミやレビューは、商品の紹介文となる」と考えることもできます。

まずは、あなたの商品で「お客さまから評価されている点」を思い出してみましょう。

> **Q.** この有料老人ホームを利用されている方は、どんな点を評価していますか?
>
> **A.** 当ホームを利用されている皆さんからは、「このホームはよい意味で年寄り扱い

しない」というお声をいただいております。シニアの皆さんを、さも幼稚園児のように扱うホームも少なくありません。しかし多くの利用者さまは、若い頃より無理がきかなくなったとはいえ、まだまだお元気です。そこで当ホームでは、チェスやオンラインゲーム、ヨガや楽器の演奏など、頭や体を使うアクティビティを積極的に取り入れております。そのため、同じ趣味を持つ若い人たちとの交流も盛んで、「このホームに入ってから、父さんは若返った気がします」といったお声も頂戴しております。

「利用者が評価している点」を挙げると、それを読んだ人はその点に注目するようになります。アピールポイントをただ羅列しただけでは、残念ながらどこが注目すべきポイントなのか、すぐにはわかりません。ところが、「利用者が評価しているポイント」として、いくつかの特長を挙げ、まずそこに注目してもらうようにすると、情報が整理され、「なるほど、そういうサービスなのだな」と理解されやすくなります。

一方、そういったクチコミを見るお客さまの心理として、「良いところばかりだと信用できない」、「何か落とし穴はないのか？」、「悪いところも知りたい」と思うのも自然です。そこで、こんな情報も載せるのはいかがでしょう。

Q. 買う時に注意すべき点はありますか？

A. 当店で扱っております輸入ベッドは、ご注文をいただいてからメーカーに発注をかけますので、サイズや色、あしらいなどを自由にオーダーすることができます。しかしながら、船便で輸入を行うため、最短でも6カ月ほど、物によっては1年以上お待ちいただくことがございます。「家の新築に合わせてベッドを買いたい」といったご希望がある場合は、「搬入希望日」を必ずご記入ください。

あらかじめ提示されていれば、納品までに非常に長い時間がかかることが伝わりますね。「そんなに長い時間がかかるのなら、やめておこう」という方もいるかもしれませんが、無理な注文を受けても、途中でキャンセルをされたり、トラブルの元となってしまうなど、デメリットの方が大きいということも多々あります。

一方で、「納品まで長い時間がかかる」という、いわば欠点となるような情報をはっきりと見せていることで、「この店は信用できる」と思ってくれるお客さまもいることでしょう。欠点・注意点を先に見せるのは、ミスマッチ対策・クレーム対策を行い、同時に自社の信頼度を上げる……そんな一石二鳥の表現となります。

商品の「よかった点」をお客さまに尋ねる時、『よかった点はどこですか？』とストレートに聞いても構いませんが、こんな質問の仕方もおすすめです。

Q．この商品の〝意外〟だった点はどこですか？
Q．この商品について「誤解していた」と思ったところはありますか？

このように質問の仕方を変えることで、単純な褒め言葉ではないキーワードが出てくることがあります。

最新の業務アプリと聞いて尻込みしていましたが、覚える操作が5つだけ、というのは意外でした。こういったアプリを社内に導入する時は、難しい操作を全社員に覚えてもらうことが1番面倒なので、とても助かりました。

児童書と書かれていたので、子どもが読む本だと思いこんでいましたが、実際に読んでみると全くの誤解でした。大人が読んでも考えさせられますし、「あの場面がよかった」、「主人公はなぜあんなことをしたのかな?」と子どもたちと本気で語り合える、そんな本でした。

「○○って、だいたいそういうものだよね」と思い込まれてしまっているような商品やサービスの場合、意外性を問う質問には、思いがけず、よい答えが返ってきやすいものです。シンプルに「この商品のよいところはどこですか?」と聞くのはもちろんのこと、ちょっと角度を変えた質問をしてみると、また新しい発見があるかもしれません。

Q. どれが人気ですか?「○○ランキング」を教えてください

「似たような商品が多くて選べない」と、迷っているお客さまには、たくさんの情報を提供することが逆効果になりかねません。そんなお客さまには「こちらの商品はいかがですか?」と、おすすめをしてはいかがでしょうか。そうすれば「じゃあ、それから見てみようかな」と、商品選びが始まります。迷えるお客さまには、さまざまな「選ぶヒント」を教えて差し上げましょう。

> **Q**: 1番売れているランニングシューズはどれですか?
>
> **A**: 1番の売れ筋は、こちらの「エアライド KA-4」です。最近はクッション性のよい、軽量タイプが人気です。

お店からおすすめの商品を挙げられたら、「まずは、それを見てみよう」となりますね。すると、お客さまの中で、商品を見比べる「基準」ができます。おすすめの商品を基準に他のものを見た時、「こっちの方が軽いのか」、「デザインが好きなのはこちらだな」、「でも、あれの方が安いぞ」と、商品を見比べていくことで理解が進んでいきます。

「最近はクッション性のよい、軽量タイプが人気」と、人気商品について言及している点もポイントです。こう言われたら、きっとお客さまはクッション性や軽さに着目するでしょう。

このように、視点が決まれば、他のシューズも見て回りやすくなります。「よく知らない商品だから、情報がたくさんあっても、よくわからない」という方には、どこを見たらいいのかを教えてあげるのが効果的です。

当店の売れ筋ランニングシューズ トップ3はこちらです！

1位：エアライド KA-4
クッション性最高！ 街ナカでのランニングに

2位：ウェーブレーサー WR15
陸上部の中高生に人気です

3位：グランドスウィフト101
デザイン性抜群！ ファッションとしても

おすすめは1つでなくてはならない、という決まりはありません。このようにランキングで見せるのもよいですね。トップ3、ベスト5となど、いくつかの商品を挙げると見比べることができますので、実際に買い物をするお客さまにとっては、より参考になるでしょう。複数の商品を挙げることで、選ぶ楽しさが残るところも大きいです。

こういったランキングは、「売れ筋」や「人気」だけではありません。「店員のおすすめ」、「こういった人におすすめ」といった切り口でも、面白いものになります。

店員ヤスダのガチ勢向けランニングシューズ ベスト3はこちら!

1位:ノイエブラスト P4
実業団でも着用する選手が多い、プロ・セミプロ向け

2位:GT-25
フルマラソンで3時間20分を切りたいランナーのために

3位:ゲルレーサー 24JY4
毎日10キロ以上走るランナーの関節を守る機能搭載も

「本気で走りたい人のためのシューズ」は、使う人を選ぶので、必ずしも「売れ筋」とは限りません。しかし、「本気でランニングをしたい」というお客さまは一定数いますので、こういったランキングはきっと参考になるはずです。

よく知らない、わからないというお客さまには、「今、このようなものが流行りです」と提示するのも、商品選びのヒントになります。具体的に示すと、あまりその分野に詳しくない方でも選びやすくなります。

> **Q.** 30代の会社員です。通勤用の服を探しているのですが、この春の流行りはどのようなものですか？
>
> **A.** 今年の流行色は、黄色。柄は花柄や、洋服全体に模様がある総柄が人気です。こちらに3種類ほど、コーディネート例を載せておきました。

また、プレゼントなど、その商品を使うのが自分ではない場合は、特に迷ってしまいがちです。そのような時こそ、おすすめ情報が力を発揮します。

Q. 甘いものが好きな男性へのプレゼントとして、どれがいいですか?

A. 甘いもの大好き男性の1人として、私、ワタナベがお答えします。甘いものが好きな男性には、「男性向けのスイーツ」と書かれたものは要注意。甘さ控えめなものが多いからです。おすすめの選び方は「コーヒーに合いそうなケーキ」。がっつり甘いケーキ、味の濃いケーキが、甘いもの好きな男性には人気ですよ。ワタナベがおすすめする「がっつり甘いケーキ・ベスト3」は、こちらです!

このように「贈りたい相手と好みが合う人からのおすすめ」には、説得力があります。そういった人が社内・店内にいない時は、お客さまにヘルプを頼みましょう。常連さんなどに「今度こんな企画を考えているので、おすすめを教えてもらえませんか?」と尋ねてみてください。意外なほど、協力してもらえるはずです。SNSを活用しているなら、「あなたのおすすめ○○を教えてください」といったアンケートを取ってみてもいいですね。

「こんな条件に合うものを探している」という場合、その条件を「質問」にして表現すると、同じような条件で探している人がピン！ときやすくなります。

マンガができるだけたくさん入る本棚を探しています。普通の本棚では、無駄に奥行きが空いてしまって……。おすすめはありますか？

部屋があまり広くなく、スペースをうまく使いたいので、背の高い本棚を探しています。普通の本棚を2段重ねにするのは、地震の時に怖いので避けたいです。倒れにくくて背の高い本棚、ありますか？

おしゃれなカフェにあるような、変わった形の本棚を探しています。おすすめの本棚、ありますか？

このように、条件や要望を「質問」で表すと、同じような商品を探している人が見つけやすくなります。さらに、その商品に興味がなかった人にも「そういう本棚もいいな」と気づきを与えてくれるでしょう。

商品情報は多ければ多いほどよいとは限りません。「商品が多すぎて選べない」というお客さまには、売れているもの、ニーズがあるものなどにうまく絞り込んで伝えていきましょう。

ピン！ポイント

5 「変化をもたらしそう」と感じてもらうための質問

私たちが何かしらの製品やサービスを購入しようとする時、無意識であったとしても、それを買うことで「何かが変化する」と期待しているものです。「この学習塾に通ったら、子どもの成績が伸びるかもしれない」、「このトレーニング機器を使えばスタイルがよくなりそう」というように、「現状を変えてくれそうだ」と期待して商品を買う人が多いのではないでしょうか。

特に新しく買うものには期待を持つ人が多いでしょう。例えば、「お米」。お米を買う時、特別な変化を期待する人はいないかもしれません。でも、新しい銘柄のお米を買う時はどうでしょう？「いつも買っているお米よりおいしいといいな」と期待しているのではないでしょうか。今まで食べている銘柄に特に不満はないけれど、なんとなく買う銘柄を変えてみた――そんな時は、「何か新しい発見があるかもしれない」という期待でブランドスイッチをしているのではないでしょうか。

そのように「現状に何かしらの変化をもたらしそうなもの」には、不思議な魅力があります。何かが変わりそう、と思わせる魅力をアピールしていきましょう！

Q. これを使うとどうなりますか？

商品やサービスを使った後にどのように変化するかを示す方法というと、「ビフォア・アフター」を思い浮かべる方も多いかもしれません。「こんな状態が、このように変化しました」といった前後の変化を描く「ビフォア・アフター」。多くの企業が使っていますし、私自身も大変、効果的な表現方法だと考えています。

しかし、ビフォア・アフターの力をうまく使い切っているケースは意外と少ないのです。

より効果的にしようとしたら、①ビフォアの前のビフォアと、②アフターの後のアフター、についても伝えていくのがおすすめです。

まずは普通の「ビフォア・アフター」がどんなものかを見てみましょう。

Q. トイレ・リフォームをすると、どのように変わりますか？

A. 狭く、使いにくかったトイレ。それが、このように広く、明るいトイレに大変身！　幅を広くし、手すりを追加。自動開閉機能付きのトイレに変更いたしました。

リフォーム業者の「施工事例」などによく見られるパターンです。「以前の状態」→「新しい状態」の写真を載せ、どのような施工を行ったかを記載する。もちろん、この情報だけでも「うちもリフォームしてもらおうかしら」と思わせる効果はあります。ですが、ここに「ビフォアの前のビフォア」を書くことで、情報の質が変わります。

以前のトイレは狭く、使いにくいトイレでした。そのため、車イスを使う母がトイレに行く際は、誰かの介助が必要だったのです。「手をわずらわせたくないから」とトイレを我慢していた母が不憫で、トイレの幅を広くするリフォームをお願いしました。

ビフォアの前のビフォア、つまり「なぜ、そのリフォームをしようと思ったか？」という情報は、「何のためのリフォームか」が、とても明確になります。同じように自宅に介助が必要な方がいる方がこの紹介文を読んだら、「そういうことができるのか」、「うちでもできるか、調べてみよう」と共感してもらえるでしょう。

何かに困っている、現状を改善したいという商品では、ビフォア・アフターを描くことが効果を発揮します。だからこそ、「結果」だけでなく、「原因」や「理由」などのビフォアを描くと、共感度が高まるのです。

では、もう1つ、「アフターの後のアフター」も見てみましょう。

リフォームしたおかげで、母が行きたい時にトイレに行けるようになりました。「本当に嬉しいよ。ありがとうね」と、母がとても喜んでくれたので、やった甲斐がありました。

「その後の幸せな様子」が、アフターの後のアフター。「このような施工をした」という情報だけでなく、そのリフォームで、誰が、どのように幸せになったかを描くと、「それはいいね」、「私の家もそうしたい」と、憧れが生まれます。

「自分もこうなりたい」、「大切な人にこうしてあげたい」と思ってもらえれば、商品紹介をしっかり読んでくれるようになるでしょう。結果、購入や契約につながる可能性も高まります。

あなたの商品を買った人は、どのような理由でそれを買ったのでしょう？　そして、それを買ったおかげでどのような幸せが得られたでしょうか？　ぜひ、「ビフォア前のビフォア」→「ビフォア」→「アフター」→「アフター後のアフター」の4段構えで「ビフォア・アフター」を描いてみてください！

Q. 何がどのくらい増える（減る）のですか？

あなたの商品やサービスを使うと、何が増えますか？　もしくは、何が減るのでしょうか？　それを表すことで、あなたの商品がもたらす変化を表現できます。

Q. その商品を使うと、何が増えますか？

A. シトルリンを摂ると、「運動パフォーマンス」が上がります。

このサプリに含まれるシトルリンの成分は、血管を拡張させる効果のある「一酸化窒素」の濃度を上昇させます。血流がよくなることで、トレーニングの効果アップや、試合に向かうカラダのパフォーマンス向上が期待できます。

Q. この商品を使うと、何が増えますか？

A. このライトを使うと、オンライン会議でのあなたの好感度がアップします！

暗い部屋では表情が見えず、相手によい印象を与えません。かと言って、強すぎる光は陰影が濃く出すぎてしまい、怖い印象を与えてしまうことも……。このライトは柔らかく自然な光で、表情を優しく、また、りりしく演出します。あなたをステキに見せるのは、このライトの光です。

このように、「これを使うと、これが増える」と最初に伝えると、その商品がもたらす幸せをわかりやすくイメージしてもらえますね。

「一酸化窒素が増える」といった計測できる数字の変化は、もちろんよいアピールポイントです。一方、「好感度が上がる」といった抽象的な変化も、商品の魅力を伝えるのにはよい表現ですね。

増えるだけでなく、減るのが魅力という商品やサービスもあります。

Q. その商品を使うと、何が減りますか？

A: このエンジンオイルを使うと、ガソリン代が安く済みます。粘度の低いこのオイルは、エンジン内の摩擦を極力少なくできますので、余分なひっかかりがなく、ガソリンのロスが減り、燃費がよくなります。

Q: その商品を使うと、何が減りますか？

A: この営業日報アプリを使うようになって、残業が目に見えて減りました。これまで会社に帰ってからパソコンで入力していた「営業日報」。このアプリはセキュリティがしっかりしているので、外出先でスマホからでも入力可能になりました。前回の日報を見ながら入力できるので、変化のあったところだけ入力すればよく、かかる時間が大幅に減りました。日報のための残業がなくなり、以前より1時間は早く帰れるようになりました。

減ることが幸せにつながるケースもたくさんあります。故障率、返品の数、退会者、イージーミス……これらを減らせるのは、とても魅力的に見えるのではないでしょうか。

「変化」を表現しようと思う時、数字で表すと具体的なイメージが湧きやすくなります。「このトレーニングをするようになって、どんどん痩せました」というより、「このトレーニングをするようになって、1カ月で3キロ、2カ月で7キロと、どんどん痩せました」といった方が、具体的なイメージが伝わりやすいですよね。

でも、数字で表しても意味が伝わらないものもあります。例えば、「オーダーいただければ、カーテンのドレープの数を2倍に増やすことができます」。これでは、カーテンについてよく知っている方でない限り、どのようによくなるのか、わからないかもしれません。数字で表現する時は、その数が増える（または減る）ことで、どんな変化があるのかも、併せて伝えることが必要です。

オーダーいただければ、カーテンのドレープの数を2倍に増やすこともできます。ドレープの数が多くなると、それだけエレガントな雰囲気が増し、お部屋に重厚感が生まれます。高級レストランや老舗ホテルなどでは、通常よりもドレープの多いカーテンを使っているケースが多く見られます。

「ドレープの数を2倍にする」ということの意味が伝わり、仕上がりのイメージが湧きますね。あなたの商品を使うことで、何がどのくらい増える（減る）のでしょう。増えること、減ることを示し、商品の魅力を伝えていきましょう。

Q. それを使わないと、どうなりますか？

「若者の車離れ」が言われ始めて、もう何年もたちました。車のような、とても便利なものでさえ、なければないで何とかなってしまうのが現代社会です。「別になくても構わない」――そう思っている方に興味を持ってもらうためには、「これを持っているのと、持っていないのとでは、こんなに違います」、「これがあると便利ですよ」、「これがないと不便なのです」など、「それを使わないと、どうなるのか」をアピールするのが大切です。

「英会話教室に通った場合と、通わなかった場合、どんな違いがありますか？」

この答えには、「英会話教室に通った人（Aさん）」と「通わなかった人（Bさん）」それぞれの「その後」を描くとわかりやすくなります。

英会話教室に通ったAさん。初めての海外旅行で、レストランでお食事。レッスンで習ったフレーズを使って、「初めてこの国で食事をします。おすすめは何ですか？」と店員さんに尋ねました。すると外国人でも食べやすく、とてもおいしい地元料理を教えてもらい、海外での食事を楽しむことができました。

英会話教室に通わなかったBさん。同じく初めての海外旅行でレストランに入りました。でも、メニューには写真がなく、どんな料理なのかわかりません。結局、値段で選んだ料理は口に合わず、「店員さんと話せれば、もっとおいしい食事ができたのに……」と悔やむばかりでした。

このように「サービスや商品を使った人・使わなかった人」を比較すると、違いがわかりやすくなりますね。この他にもビフォア・アフター的に、「それを持っていなかった頃」と「それを買った後」を比較してみるのも面白いですよ。

Q. 食器洗浄機を買うと、生活はどのように変わりますか？

A. 山田さんご夫妻の場合、こんなふうに変わりました。

【食器洗浄機を持っていなかった頃】

お皿洗いは夫のマサルさんの仕事でした。でも、ついテレビに夢中になってしまう時も多いマサルさん。「ねえ、お皿、ちゃんと洗ってよ！」と妻のアイさんに言われることもしばしば。互いの小さな不満の積み重ねが、大きな夫婦喧嘩に発展してしまう時も……。

【食器洗浄機を買ってから】

ボーナスで食器洗浄機を買った山田さんご夫妻。使い終わった食器は、とにかくこの機械の中に入れるようになりました。洗剤も自動投入なので、あとは蓋をしてスイッチを押すだけ。機械がお皿を洗ってくれる時間は夫婦のお茶タイムとなり、もう、洗い忘れが喧嘩に発展することもありません。

皿洗いが喧嘩のきっかけに……そんな経験がある人が読んだら「食器洗浄機、いいなあ」と思うでしょう。「これを持っていると、生活がこう変わります」、「このアプリを導入するとしないでは、働き方がこんなに違います」といった変化を具体的に描き、興味を持ってもらう工夫をしましょう！

Q. どのくらいの期間で変化が現れますか？

「14日間、お試しください」――シャンプーやヨーグルトのコマーシャルでよく聞かれる言葉です。髪質が改善されたり、おなかの調子がよくなったりするには、やはり、ある程度の期間、商品を使ってもらう必要があるのでしょう。すぐに使うのをやめてしまっては、期待した効果が実感できません。それでは満足感も低いまま、もしかすると、マイナスのクチコミをされてしまうかもしれませんね。だからこそ、効果が現れるまで使い続けてもらう必要があります。

人間の習慣が変わるまでの日数は、21日間説、66日間説などがあります。そんなに長い期間、強い意志を持って続けられるかな……と自信を持てない人も多いでしょう。

最終的なゴールまで何カ月、何年かかるのは仕方ないとしても、最初の目標地点は「これなら到達できそうだ」と思えるくらい近くにあってほしいもの。そこで伝えたいのが「○日間使ってみると効果が実感できる」という目安です。

Q. この英語教材は、どのくらいの期間で変化がわかるようになりますか？

A. まずは「5日間」、教材を聞き続けてみてください。すると、今までは聞き取れなかった英会話の単語が聞き取れるようになってきます。「この人は駅に行きたいんだな」、「ステーキを食べたいんだな」とおおまかな内容がわかってきたら、それが英語耳に変化するファーストステップです。

このように書かれていたら、「じゃあ、まず5日間は、なんとか頑張って聞いてみようか」という気持ちになりますよね。5日後はこうなります、2週間後にこんな変化が現れます、そして3カ月後にはこのような効果を実感していただけます……このように期間と変化を描いていくと、「そこまでは頑張ってみようか」、「本当にそうなってきた」と効果を実感しやすくなります。

逆に「このくらいの時期に壁に当たる人が多い」というタイミングを先に予告しておく、というお店もありました。

Q:「ファスティング（断食）は2日目がキツい」と聞きますが、本当ですか？

A:はい、初めての方は特に2日目が山場です。眠気や寒気を感じる方も多いのですが、それは胃腸の活動の種類が入れ替わっている証拠。当サロンでは、独自に作った「2日目の酵素ドリンク」などで、つらい2日目を乗り越えるお手伝いをさせていただきます。

あらかじめ「2日目はキツいものだ」と知っていれば、気持ちの準備ができます。「そこを乗り越えるサポートをします」と言ってくれているのですから、安心してチャレンジができますね。

あなたの商品は、どのくらいの期間で変化が現れますか？　また、どのくらいの期間は頑張って続けてほしいでしょうか。お客さまが感じる変化と、それまでにかかる期間を描いていきましょう！

ピン！ポイント

6 「自分と同じ」と感じてもらうための質問

心理学に「類似性の法則」と呼ばれるものがあります。簡単に言えば「自分と同じことを相手に見つけると、急に親近感が湧く」というものです。

初めて会った人が、自分と同じスポーツチームが好きだとわかった途端、「いい人そうだな」と思ったり、一緒に働くことになった取引先の方が同郷だとわかったら、急に親近感が湧いたりした経験はありませんか？「自分と同じ何か」があるというだけで、不思議と好印象を抱くようになること、ありますよね。

商品紹介においても、この類似性の法則が当てはまります。商品やお店に自分と同じ何かを見つけると、不思議と好ましく思えてくるのです。例えば、あなたは今度の家族旅行の宿泊先を探しているとします。あなたのご家族には、保育園に通うお子さんがいるとしましょう。次の2つの宿のうち、どちらに魅力を感じるでしょうか？

〈宿泊先A〉

当ホテルはホスピタリティが自慢です。どんな方にも安心してご滞在いただけるよう、食事や設備に最新の注意を払っております。

〔宿泊先B〕
実は、我が家にも保育園に通う子どもがいます。小さなお子さんがいても安心して、そして家族みんなの楽しい思い出になるように、いろいろと準備をしてお待ちしております。

自分と同じ子育て中の人がいる、宿泊先Bに魅力を感じるのではないでしょうか？　AとBがほぼ同じ設備を備え、接客の質や料金に違いがなかったとしても、Bに親近感を覚え、そちらを選ぶ方が多いのではないでしょうか。

このように、商品選びにも影響を与える「自分と同じ」という要素。それを商品紹介文に活かすため、次のような質問に答えてみてください。

Q. どんな年代、性別のお客さまが多いですか？

「60代の客が多い居酒屋」と「20代の客が多い居酒屋」では、持たれるイメージが違います。そして、60代の方は「60代の客が多い居酒屋」に、20代の方は「20代の客が多い居酒屋」に親しみを感じるでしょう。

「自分と同じような年齢の人が多いなら安心」、「同年代の客が多いなら、私たち向けのサービスをしてくれるだろう」といった安心感や期待を持っていただけます。来店される方や、商品を使っているお客さまの年代を伝えると、同年代の方の共感が得られるわけです。

一方、意外な年代のお客さまがいるならば、それも大きなアピールポイントになります。

Q 俳句教室はどのような年代の参加者が多いですか?

A シニアの趣味というイメージがある俳句ですが、テレビ番組の影響もあって、実は若い生徒さんが増えています。今1番多いのは、実は30代の生徒さんなのです。

Q. eスポーツ教室、最高齢の生徒さんは何歳ですか？

A. 最年長は70歳のおばあちゃんがプレイヤーとして参加されています。遠方に住むお孫さんとチームを組んで、Aクラスの戦績をあげています。

一般的に、俳句はシニアの趣味と思われがちです。しかし30代が多いと聞くと、急に興味が湧いてくる若者もいるでしょう。逆に、eスポーツのように若い人向けのイメージがあることには、「70歳のメンバーも活躍中！」と聞くと、シニアの方も関心を持ち始めるのではないでしょうか。自分には関係ないと思っていたのに、自分と同じような年齢の人がやっていると聞くと、途端に興味が湧き始めることがあります。

また、「始めるタイミング」を年齢で表して、チャレンジを促すこともできます。

Q. 定年後の準備はだいたい何歳から始める人が多いですか？

A. 今は57歳から始める方が増えています。定年になった後から活動し始めた先輩方を見て、それでは遅いと感じたという方が多いようです。

57歳から始める方が増えています、と「始める年齢」を言われると、自然と自分と比べるものです。「始めてみようかな、どうしようかな……」と悩んでいるお客さまの背中をうまく押すのに使える言葉です。

「2歳のお子さんも通う体操教室です」というように、○歳からでも早すぎることはありませんと表現するのもいいですね。逆に「60歳になってから始める方もいらっしゃいます」と、○歳からでも遅すぎることはありません、とアピールすると、悩んでいる方も心強く感じるでしょう。

年代と同様に気になるのが、性別です。「女性のお客さまが多い」などと伝えるのはもちろん、特定の性別向けと思われがちな商品・サービスでは「男性のお客さまもいらっしゃいます」と示し、安心してもらいましょう。

Q. 男性もネイルサロンに来店しますか？

A. はい、ここ数年、男性のお客さまも非常に増えており、現在では30％が男性のお客さまです。営業職の方や配信の出演者など、身だしなみの一部としてネイルケアをされている方が多く来店されております。女性と同じように華やかなネイルを楽しんでいる方も多いですよ。

このように言われたら、「男性客は珍しくないんだな」とわかってもらえますね。あなたのお店や商品のお客さまは、どんな年代、性別の方がいらっしゃいますか？

Q. どんな体質の人のための商品ですか？

インターネット上のコミュニティには、「お肌が弱い人、集まれ」、「太りやすい人、情報交換しませんか？」など、「体質」でグループが作られていることが珍しくありません。

肌が弱い人は、同じく肌が弱い人の悩みがわかります。肌が強い人なら問題なく使えるスキンケア商品なども、肌が弱い人には刺激が強すぎるかもしれません。だからこそ、肌が弱い人は、同じように肌が弱い人が使ってどうだったか、という情報をほしがるのです。
あなたの商品が、「こんな体質の人によく使われている」というものであれば、それを大きくアピールして届けましょう。同じような体質の人にとって、重要な情報になるからです。

Q: 小麦アレルギーの子どもでも食べられるバースデーケーキですか?

A: 「米粉のケーキ」のページに載っているものは、小麦粉を使わずに作れるケーキです。似顔絵デコレーションなども、同じようにできますので、安心してご注文ください。

こうした情報は、小麦アレルギーの子どもを持つ親御さんたちが注目してくれるでしょう。特定の人をイメージして作った商品やサービスは、「こんな人のための○○です」という言い方でアピールしてみてください。

・日焼けすると肌が赤くなってしまう人のための、ボディソープです
・代謝が悪く、なかなか脂肪が燃えにくい……そんな人のためのトレーニング用具です
・毎年、花粉症に悩む方のための長期滞在ツアーです

厳密には「体質」ではないかもしれませんが、メンタル的な性質（性格）も、共感度の高い情報となります。

・「月曜日はいつも憂鬱《ゆううつ》」というあなたに　～月曜朝だけのスペシャルコーヒー
・ダメだとわかっていても、夜中に何か食べたくなっちゃう人に
・ひとりだと三日坊主になっちゃうあなた！　一緒にアプリでつながりませんか？

また、昨今は好きなアイドルや俳優、キャラクターを「推しメン」と言うように、「推し」という言葉の存在感が増しています。自分が好きなものが、自分のアイデンティティ

となっている時代ですね。そこで、「○○が好きな人が選ぶ商品です」というアピール方法はいかがでしょうか。

・華やかな色が好きな人が選ぶネクタイです
・辛口のお酒が好きな人が選ぶ梅酒です
・アロとも（東レアローズ女子チームのファン）が経営するカフェ

洋服などが顕著ですが、人は意外と「好き嫌い」で買うものを選んでいます。特に買うものが決まっていない段階では、より、その傾向が強いでしょう。そのため、「○○好きな人が選んでいるものです」とアピールされると、「まずはそれを見てみようか」という気持ちになるものです。また、自分と好みが似ている人が買っているもの、集まっているお店には、シンパシーを感じます。

逆に、「これが嫌いな人」を前面に出すのもいいですね。

・「満員電車がキライ！」というあなたに向けた、「始発駅 限定」の賃貸物件特集です
・人工甘味料はちょっと……という方、ご安心ください。昔ながらのお漬物です
・辛いものが苦手という人でも食べられる韓国料理店です

あなたのお客さまは、どんな体質、性質、好みのお客さまでしょうか？

Q．どんな「数」の人が使う商品ですか？

「あなたは遠距離通勤をしていますか？」と質問をされたら、なんと答えるでしょうか。自分は遠距離通勤をしていると自信を持って答えられる人もいるかもしれません。一方で、自分の家は職場から遠い？　近い？　そもそも「遠い」とはどれくらいの距離を指しているんだろう？　と迷う人もいるでしょう。

では、「あなたは通勤に50分以上かかっていますか？」と聞かれたらどうでしょうか。今度は、50分以上時間がかかっている・かかっていないと、はっきり判断できますね。

このように数字や数値で区切ると、「私はこちら側」と明確に認識できます。あなたが商

品紹介をする際にも、「〇〇の数値がこれ以上の方」といった数値の基準を作ると、「私は基準以上の数値だから、対象者だな」、「私は対象外ね」とはっきりわかってもらうことができます。

例えば、「お子さんの教育資金が気になり始めたら」という表現では、すでに教育資金を意識している方しかピンとこないかもしれません。では、「お子さんの年齢が8歳を超えたら」という表現ではどうでしょう？　8歳以上の子どもがいる方に、「おやっ」と目をとめてもらえます。その言葉に続けて、「お子さんが8歳を迎える頃から、教育資金について考える人が増えています」と書いてあれば、「なるほど、そうなのか」と思ってもらえるでしょう。

- 目覚まし時計が鳴った後、10分以上起きられない……そんなあなたのための快眠サプリです
- ペットを2匹以上飼っているお宅なら、絶対お得なプランです
- 血圧が130を超えたら
- 1回の通話時間が5分に満たないなら

・ご自宅に和室がないのなら（※和室の数が0）

このような「数字」、あなたの商品にはありませんか？　年齢、身長、体重、視力、家族の人数、社員の人数、転職回数、おかずの品数、1日に飲むコーヒーの回数、1年で旅行に出かける回数、会議の時間……など、商品を取り巻く「数字」には、さまざまなものがあります。それらを使って、「〇〇の値が△△以上の人におすすめ」、「××の数が□□以下の人にピッタリです」とアピールすると、「私のことだ」と、ピン！ときやすくなります。

重要なのは、「自分はその基準に当てはまる」と気づいてもらうこと。そこに気づくと、その後に紹介する商品やサービスを「自分ごと」として受け取ってもらえます。

「対象外の人をなるべく作りたくない」、「曖昧な基準にした方が、すべての人が欲しいと思うのでは？」と欲をかいてしまうと、誰にもピンとこない言葉になってしまいます。「全人類のための保険です」と言われて、あなたは「それじゃあ私にもぴったりね！」と思うでしょうか？　きっと、そうは思いませんよね。「自分ごと」と捉えてもらうためには、明確に区別することが大事です。ぜひ、「この数値がこれ以上の人は、うちのお客さま！」と言える数字をアピールしていきましょう。

Q. お客さまとあなたの「共通点」は何ですか？

自分と同じところを相手に見つけると、急に親近感が湧く、類似性の法則。それは「売り手」と「買い手」、つまり、その商品を作っている人や、売っている人とお客さまとの間でも起こり得ます。例えば、アトピー対策グッズ。そのグッズを開発した人が「私にもアトピーで悩む子どもがいましたので、本人やご家族の気持ちがよくわかります」と話したら、信頼できますよね。

他にも、例えば「女性向けの釣具」を開発した人が、「私も釣りが好きでよく出かけます。でも、釣具って男性が使うことを想定されているので、サイズが大きく、デザインも男性向けのものがほとんど。そこで、社内の釣り好き女子が、女性のための釣具を企画しました」と言っていたら、同じ「釣り好き女子」は、きっと親近感を覚えるでしょう。

「作り手」だけではなく、商品を売っている人（売り手）とお客さまとの共通点も、商品の魅力をアップさせる材料になります。例えば、背の高い女性向けファッションを扱うお店の女性店長が、次のように語ったとします。

私も身長が180センチあるので、かわいい服がなかなか手に入りませんでした。ネットショップだとどうしてもサイズ感がわからず、高身長の女性が服や靴を実際に手に取って確かめられるお店があったらいいなと、ずっと思っていました。その願いをカタチにしたのがこのお店です。身長が高くて服が選べない……と悩んでいる女性の力になれるようなお店にしていきたいです。

このような店長さんがいたら、身長が高い女性にとっては心強いですよね。標準サイズのお店に行っても、ぴったり合う服や靴がなかなか見つけられなかった人なら、「私のためにあるようなお店！」と思ってくれるでしょう。

このように、商品の作り手や売り手とお客さまとの共通点が、「この商品、いいかも」、「このお店に行ってみたい」と、商品やお店の魅力アップにつながる可能性があります。共通点を探すためには、次のようなポイントを考えてみてください。

・商品の好きなところ

・商品との出会いのエピソード（何歳くらいの時に、どんなきっかけで）
・普段、どんな使い方をしているか

お客さまとの共通点は、商品にあまり関係のない事柄でもかまいません。例えば、「地元のサッカーチームを応援しています」とアピールしているお米屋さんがあります。お米とサッカーチームには、何ら関連はありません。でも、同じチームを応援しているファンなら、「せっかくなら、同じチームのサポーターがやっているお店で買おう」と自然に思います。そのように商品とは関連がなくても、お客さまとの共通点は見つけることができますし、同じようにお店や商品の魅力アップにつながります。

お客さまとの共通点が見つからない場合は、まずはご自身やお店の「自己紹介」から始めてみるのはいかがでしょうか。

・生まれた年／誕生日
・住んでいる（お店のある）場所（都道府県／市町）

・家族構成／どんな家族がいるか／飼っているペット
・これまでの経歴（学歴・職歴・研究テーマ）
・現在の悩み／過去の悩み
・好きなこと／好きな本／好きな食べ物
・好きなスポーツチーム／好きなアーティスト／好きな作家／好きなお笑い芸人
・休日の過ごし方

あなたに関することを情報開示していくと、「私と同じだ」という人が現れるでしょう。その人はきっと、あなたに不思議な親近感を覚えているはず。商品に関係することでも、あまり商品に関係しないことでも、お客さまとの共通点を見つけ、アピールすることはプラスに働きます。ぜひ、試してみてください！

ピン！ポイント

7 「使いこなせそう」と感じてもらうための質問

人は、興味のある商品であっても、必ずしもそれを購入するとは限りません。たとえ「よさせそうな商品だな」と思っても、「自分には難しそう」、「使いこなせそうにない」と感じたら、購入に至る可能性は低いでしょう。

商品紹介文に求められるのは、「自分にもできそう」、「何かあってもサポートしてもらえそうだ」という安心感を与える言葉。お客さまに「使いこなせそう」と思ってもらうための情報や表現について、詳しく見ていくことにしましょう。

Q. まったくの初心者なのですが、大丈夫でしょうか？

新しいことを始める時は、誰でも不安ですよね。「ダンスをやってみたい。でも、初心者だからレッスンについていけるかな……」、「パソコンで絵を描くアプリを使ってみたい。でも、使ったことがないから心配だな」。初めてその商品やサービスを使う、初めての場所に赴く……そんな時は不安を感じても、なんら不思議ではありません。だからこそ、商品紹介文ではそのような不安を取り除き、「自分にもできるかも！」、「一度やってみようかな」と思ってもらえる情報を提供することが大切です。

> **Q.** アジアン料理は作ったことがなく、まったくの初心者なのですが、私でも大丈

夫でしょうか？

A．アジアン料理レッスンは、初めての人でも大丈夫。特別な技術は必要ありませんので、肉や野菜を切って炒める、野菜炒めが作れる人なら安心してレッスンを受けていただけます。

「○○をしたことがない人でも大丈夫」、「○○ができる人なら大丈夫」と伝えると、「それなら、私にもできるかも！」と思ってもらいやすいですね。

他にも、「お客さまの声」を使って、初心者歓迎をアピールする方法もあります。

【初心者限定 お試しダンスレッスンに参加された方の声】

20代の会社員です。私もダンスの経験がまったくない状態で、レッスンを受けました。お試しレッスン中は服装は何でもよくて、室内用のシューズだけ買いました。初心者に教えることに慣れているインストラクターさんがついて、ゆっくり教えてくださいます。周りもみんな初心者なので、安心してレッスンを受けることができました。

こうした声を紹介すると、「自分と同じような初心者の人も来ているんだな」とわかってもらえますね。

初心者が不安に感じやすい点には、例えば次のようなものが挙げられます。

・初心者向けのコースやサービスはあるか
・先生はやさしく教えてくれるか
・どのようなサポートがあるか
・必要な道具は何か。いくらくらいで揃えられるのか
・初心者を卒業した後はどうなるのか
・お試しレッスンや、サンプルなどはあるか。料金はいくらか
・気をつけたい注意点は何か

こうした疑問は不安には、実際に使ってみた「お客さまの声」を紹介するのが1番伝わ

りやすいでしょう。「購入前にはこんなことが心配でした」→「でも大丈夫でした」という展開で書くのもおすすめです。

初めて電気自動車を買いました。購入を決める前には「7日間 オーナー体験サービス」に参加して、自宅でも使えるかどうか、自分たちの使い方に合っているかを確認しました。
心配だったのは、「充電スタンドが普段行く場所にあるかどうか」、「充電スタンドは空いているのかどうか」という点でした。実際に使ってみると、近所の充電スタンドは比較的、空いていて、充電時間も思ったよりも短く感じました。これなら普段使いができるなと確認。購入を決めました。

「購入前のお客さまが心配していたこと」は、同じように不安に思っている方、購入を迷っている方へのよいメッセージになります。「やってみたいけど、どうしよう……」と悩むお客さまに新しい楽しみを体験してもらえるよう、初心者が安心する情報をぜひアピールしてください！

Q. このような私ですが、使いこなせるでしょうか？

Q. 泳げないのですが、そんな私でもダイビングはできますか？

A. はい、大丈夫です！　ダイビングと水泳は根本的に違うものなので、泳げなくてもまったく問題ありません。実は泳げない人の方がダイビングにハマる人が多いんですよ。

こんなふうに不安に答えてくれたら、泳げない人でもダイビングに興味を持てますよね。最初から「自分は泳げないから」と諦められてしまっては、体験スクールに来てもらうことができません。だからこそ、商品紹介文では「泳げないあなたでも大丈夫です」とアピールすることが大切です。

筋立ては、「○○ができませんが、大丈夫ですか？」というお客さまからの質問を最初に据え、それに対して「大丈夫ですよ」と答えていくとスムーズです。

Q. 自宅にパソコンがありませんが、この仕事をすることはできますか？

A. はい、大丈夫です。パソコンは貸し出しできますので、自宅にお持ちでない方でもエントリーいただけます。

Q. いつもダイエットが3日坊主に終わってしまいます。そんな私でもやせられるでしょうか？

A. ダイエットが続かない……という方にこそ喜んでいただけているのが、このダイエットスープです。秘密は、そのおいしさ。朝食を無理なく置き換えられるので、簡単に続けられると評判です。

「○○できない」という方とは逆に、「もっと高いレベルで○○したい」というお客さまもいらっしゃいます。そのような方は、「自分が求める高いレベルに合っているだろうか？」と心配しています。そこでも「あなたのご要望にちゃんと応えることができます」とアピールしていきましょう。

Q.将来、プロスポーツ選手になりたい高校生です。高いレベルのトレーニングをしていきたいのですが、サポートしてもらえますか?

A.はい、お任せください。当ジムでは地元のプロサッカーチームのトレーニングサポートや、国体出場選手のサポートもしております。まだ体の完成していない高校年代のアスリートに向けては、トレーニングのサポートだけでなく、食事の管理やケガの予防についても手厚くサポートしております。詳しくはこちらのページをご覧ください。

お客さまの抱える疑問や不安は多種多様です。あなたの商品・サービスは、どんな方が使いこなせるものでしょうか。さまざまな角度から検討してみましょう。

Q. どのような条件や欠点がありますか？

何かを買う時、「お客さまの声」を見る人は少なくありません。その目的は、商品のよいところを探すというよりも、悪いところや欠点がないかを確認するためであることも多いでしょう。

昨今ではＳＮＳですぐに商品の評判が広まるため、欠点を隠して売るのは決して得策とはいえません。むしろ、欠点になりそうなこともオープンに伝える方が、結果的にお客さまの信頼を得ることにつながることもあります。

Q. このコンサートを観るのに、年齢制限はありますか？

A. 本コンサートでは、３歳以下のお子さまはご入場いただけません。託児室等も準備がございませんので、あらかじめご了承ください。

Q. アプリ内のすべての機能が無料で使えますか？

A. 基本的な機能は無料ですが、「高画質印刷」機能は有料となっております。高画質印刷の機能をご利用になりたい場合は、有料版の購入が必要です。

あらかじめ、できないこと、制約のあることを書いておけば、お客さまも事前に理解したうえで購入することができます。制約条件は、誰にとっても欠点になるとは限りません。先述のケースでは、小さいお子さんと一緒にコンサートに行かない人や、アプリの有料機能を使わない人にとっては、これらの条件は欠点となりません。

一方で、制約条件が欠点になる人がいることも事実です。へたに隠そうとせず、あえて伝えることが無用なトラブルを回避します。こうした欠点は、「3歳以下　入場不可」、「高画質印刷機能は有料」と書くだけではなく、上記のように「Q＆A」で表現すると、角が立ちにくいのでおすすめです。

また、いわゆる「訳あり商品」のように、欠点はあるけれど、それを飲み込んでくれるなら安く提供します、というものもありますね。

Q. なぜ、このプランは通常プランより安いのですか？

A. こちらのトマトは形が不揃いなため、お安く提供しております。とはいえ、同じ畑で収穫されたものですので、味は保証付きです！

Q. なぜ、このコースは通常コースより安いのですか？

A. こちらのコースは、会議室を利用できるのが平日のみとなっております。土日の利用予定がない場合、お安くご利用いただけます。

そのまま売ったり、良品に混ぜて売ったりするのではなく、欠点は欠点としてきちんと伝えた方が、お客さまの信頼は得られるでしょう。売れなければ廃棄されてしまうようなものであれば、あえて「訳あり」として見せていくのはいかがでしょうか。

お客さまにあなたの商品をうまく正しく使いこなしていただくため、条件や欠点も含めた情報発信をしていきましょう！

Q. どのような「流れ」で進んでいきますか？

初めて買うもの、初めて使うサービスは、「どのようなものか」がわからないので、どうしても不安になってしまいます。そこで伝えたいのが、商品やサービス提供の「流れ」です。

例えば、ある「オーダーメイド靴」のネットショップでは、このような流れを表示しています。

【お申し込み】ホームページの申込みフォームからお申し込みください
↓
【ご来店日時の予約】店頭にお越しいただく日時を決めていただきます
↓
【採寸・フィッティング】店頭で「採寸用の靴」を履きながら、サイズや足のクセなどを精査します
↓

【デザイン選び】サンプル品や見本を見ながら、素材・色・ソール・靴紐などをどのようにするか、スタッフと一緒に決めていただきます（どのようなタイプの靴があるかはこちらのページでご確認ください）

↓

【手付金のお支払い】製作を開始する前に手付金（およそ半額程度）をお支払いください

↓

【製作～オリジナル木型の作成】靴の製作に取り掛かります。採寸したデータをもとに、あなただけの木型を作り、仮の靴を作成いたします

↓

【仮靴のフィッティング】一度、仮靴を履いていただき、調整が必要な部分を確認します。ご面倒ですが、ご来店をお願いいたします

↓

【納品】おおよそ10カ月ほどで完成します。最後に微調整をして、納品いたします

↓

【アフターサービス】 納品後1年は無料で何度も調整、修理が可能です。実際に履いていただくと、「ここが少しキツい」、「もっとフィットさせたい」といったリクエストが出てくると思いますので、お気軽にご連絡ください

注文から納品、アフターサービスまでの流れが書いてあると、「こんなふうに靴をオーダーするんだな」と想像できるようになります。想像は憧れに変わり、だんだんとオーダーメイドの靴が欲しくなってくるでしょう。

流れを描くとわかりやすくなるのは、サービスでも同様です。例えばエステサロンなどでは、プライバシーへの配慮もあって、外から中が見えないようになっていることが多いですよね。そのため、サロンを訪れたことがない人からすると、「何をするのかわからなくて不安」と思われてしまいがちです。そんな不安を取り除くのにも、流れを描くのは効果的です。

体験エステの流れ

【予約可能な日時をチェック】こちらのカレンダーで、体験予約ができる日時をご確認ください
【ご予約】ＨＰの体験予約フォームからご予約ください／お電話の場合は「体験コースを予約したい」とお伝えください
【ご来店】ご予約いただいた日時にサロンへお越しください
・服装：施術の際はサロンで用意した服にお着替えいただきますので、普段の服装で構いません
・メイク：施術前に一度、メイクを落としていただく必要があります。一般的なメイク用品は用意しておりますが、ご自身のメイク道具をお持ちいただくと確実です
・駐車場：予約していただいた方のための駐車場を1台分ご用意しております
【カウンセリング】ハーブティーをお飲みいただきながら、最近や当日の体調・お悩みなどについて、お聞きします
【トリートメント】カウンセリングの内容を受けて、お客さまに合った施術を行います（約60分）。マッサージの力加減やアロマの香り、室内の照明や温度など、お

好みをお気軽にお伝えください
【アフターカウンセリング】トリートメント後の体の変化や、効果を一緒に確認いたします。また、ご自宅でのお手入れ方法などをアドバイスさせていただきます
【次回予約の強要はいたしません】こちらから「本契約なさいますか?」、「次回の予約はいつにしますか?」といった勧誘は一切いたしません(もしそのようなことがあれば、クチコミサイトなどにお書きください)
お気に召していただいた場合は、再びホームページか電話にてお申し込みください

このように具体的に書かれていると、初めてのお客さまでも安心して申し込むことができますね。「何を持って行けばいいんだろう?」、「どんな服装で行ったらいいのかしら?」、「どんなことを聞かれるのかな?」といった疑問は不安に姿を変えてしまいますので、できるだけ事前に取り除くことが大切です。室内や施術中の写真を載せるなど、お客さまにより安心していただける材料を提供していきましょう。

また、商品やサービスを提供するまでに時間がかかる場合、どのようなタイムスケジュールで進行していくかを示すと、お客さまの納得が得られやすいのでおすすめです。

【日数の一例　～ハンドメイド革財布ができるまで】
1日目：ご注文が確定したら、ご希望の色に合わせて革の染色を始めます。革に塗料を塗れば終わり、というわけではないので、じっくり時間をかけて染めていきます
6日目：5日間かけて、約10回の染色作業を完了します
7日目：裁断を始めます

こうした「作業の流れ」を見ていただくと、完成までに何日も要するものだなとわかっていただけます。安心してお待ちいただけると同時に、それだけ手間がかかっていると知り、手に入った時の嬉しさも、よりふくらみますね。

昨今はネットショップなどで注文すれば、翌日に届くことも少なくありません。それに伴い、待つのが苦痛に感じるお客さまも増えています。お客さまを待たせるのであれば、

時間がかかることを明確に示したうえで、逆に、待つことを魅力に変えていきたいですね。あなたの商品、サービスは、どのような流れになっていますか？

第2章のまとめ

本章では、あなたの商品・サービスの魅力を掘り下げるために、セルフ・インタビュー形式での質問を紹介してきました。いきなり文章を書き始めるのはハードルが高いものですが、お客さま目線で「質問」を考えて、それに対する「答え」を出す、というやり方であれば取り組みやすいと実感いただけたのではないでしょうか。

「質問」と「回答」の組み合わせは、そのまま〈正解1〉でお伝えした「見出し（キャッチコピー）＋本文」の組み合わせにすることができます。なな め読みや読み飛ばしが当たり前の時代ですが、このような「見出し＋本文」の組み合わせにすれば、多くのお客さまが目を通して、興味を持ってくれるはずです。セルフ・インタビューを繰り返し、ぜひ、あなたの商品・サービスの魅力をもっともっと引き出してください。

第3章

マネしたい！商品紹介文の〈型〉

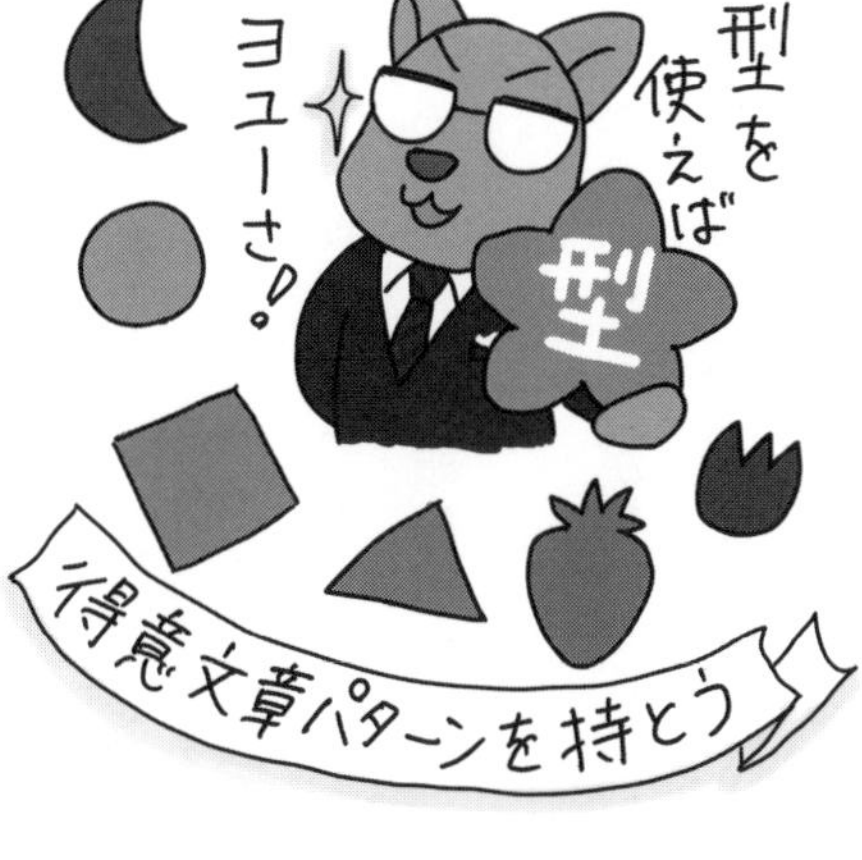
型を使えば
ヨユーさ！
型
得意文章パターンを持とう

自分が得意な文章のパターン〈型〉を持つ

第2章では、あなたの商品・サービスのアピールポイントを明確にしました。「商品紹介文に載せる内容さえ決まれば、あとはスラスラ書けるぞ」という方もいれば、「書きたいことは決まったけれど、それを一体どうやって文章にすればいいのか……」と頭を抱えている方もいるのではないでしょうか。

商品紹介文は本来、自由に書いてよいものです。でも、制約や決まりごとがないからこそ、書き始めるのが難しいものでもあります。そこで、商品紹介文を書き進めるにあたっての文章構成のヒントとして、上手な商品紹介文の〈型〉を集めてご紹介します。

たくさんの文例を挙げていますが、全てを覚える必要はありません。あなたが書きやすいと思える〈型〉を3つくらい選び、まずは書いてみてください。これまで手探りで書いていた時より、ずっと速く、わかりやすい文章が書けることに気づいてもらえると思います。

そのうち、「自分はこういうパターンが得意だな」、「うちの商品にはこの書き方が合ってるな」と思えるものが見つかるはずです。自分が書きやすい、伝えやすいと思う〈型〉を習得すれば、もう悩むことはありません。
それでは早速、商品紹介文の〈型〉を一緒に見ていきましょう。

型1 理由を語る

小さなお子さんが喜んでくれる和風旅館です

この見出し（キャッチコピー）の後に続く文章は、どのような内容がよいでしょうか。
例えば「なぜ小さなお子さんが喜んでくれるのか」という理由を描くのはいかがでしょう。

当旅館には、おもちゃの部屋とこども温泉があるので、小さなお子さまでも飽きることなく滞在いただけます。

当旅館の料理長は2人の小学生を育てるイクメンパパ。子どもの好みをちゃんとわかっているので、お子さんが喜ぶお料理をご提供いたします。

こうした理由が述べられていると、「なるほど、だから小さな子どもが喜ぶ旅館なのか」と納得できますね。

例えば、「とってもおいしいお米です」と言うだけでは、よくある売り文句の域を出ません。でも、「このお米がおいしい理由は、収穫後の手間を普通の3倍かけているからなのです」と、おいしい理由が続いていたらどうでしょう。急に納得感が増し、「食べてみたい」という期待に胸がふくらみませんか？

同様に、「温かい色合いのカーペットが入荷しました」と書くだけでは、普通の告知文でしかありません。それに加えて、「なぜその色合いのカーペットを仕入れたか？」という仕入れの理由を語ったり、「なぜ、今は温かい色合いが流行っているのか？」という最近の流行を語ったりすると、それは立派な商品紹介文。お客さまの興味を引けるようになります。

店頭ＰＯＰなどに「今、売れています」と書いてあるものは、よく見かけます。その言葉にも、「なぜ多くのお客さまはそれを選ぶのか」と理由を書き添えることで、アピールする力がぐんと増します。

「なぜこのパソコンがお客さまに選ばれるのでしょうか？　それには2つの理由があります。1つめは……」と本文が続けば、選ばれる理由がお客さまに伝わり、「みんな、そういうところを見ているんだな」と、購買意欲を刺激することにもつながるでしょう。
「なぜこの価格なのか」、「なぜこの機能があるのか」など、理由にはいろいろあります。「どんな商品か」という説明に、「なぜなのか」という理由を加えてみてください。それだけで、あなたの商品・サービスの紹介文はぐっと説得力が高まるでしょう。

型 2 過去・未来を語る

商品紹介文とは、言ってみれば商品の自己紹介のようなものです。就活に効く自己紹介のコツを教えている先生によると、自分のことを「現在」、「過去」、「未来」と、時間で区切って話すとよいそうです。

「私は今、大学4年生で海外の農産物について研究しています」（現在）
「私は農業が主な産業となっている地域の出身ですが、年々、収益が落ちてしまっていると中学校の授業で知りました。それをなんとかしたいと思い、地元で作れる新たな作物はないかと調べ始めたのが、専攻を決めたきっかけです」（過去）

「大学で得た知識や経験を御社の新農業プロジェクトに活かしたく、応募しました」（未来）

ただ「大学4年生です。大学では海外の農産物の研究をしています」という現在の自分を伝えるだけでは物足りませんが、そこに至る過去、そして未来に向けて何がしたいのかを語ることで、相手に対する理解がより進みますね。

商品紹介文であっても同様です。例えば、あるケーキについて商品紹介をしたいとします。「そのケーキがどのようなものか」という現在を語るのは、もちろんよいのですが、そこに至るまでの過去や、これからの未来を語ることで、より理解が深まります。

過去のことを書く場合、次のように「最初のきっかけ」を描いたり、「昔のエピソード」を語ったり、これまでの「失敗談」を告白したりすると、よりリアルに伝わります。

このケーキは最初、「箱を開けたらびっくりするようなケーキがほしい」というお客さまからのご要望がきっかけで作られました。（最初のきっかけ）

今は上に栗が乗っていますが、最初は他のケーキのようにいちごが乗っていました。〔昔のエピソード〕

一度、チーズケーキ味にしてみたところ、大変、不評でした……。〔失敗談〕

未来のことを描くとしたら、「今後の予定」を知らせたり、こうなりたいという「夢」を語ったり、「それを食べたお客さまの未来」を描くのもいいですね。

今年の夏には冷凍ケーキの発売を予定しております。全国の皆さんにこの味を楽しんでもらいたいと思います。〔今後の予定〕

将来はケーキグランプリで金賞を獲れるようなケーキに育てていきたいと思っております。〔夢〕

箱を開けた時、その栗の量にきっとびっくりされるはず。このケーキを持っていけば、お友達も驚きますよ。〈食べたお客さまの未来〉

あなたの商品にもきっと「現在」、「過去」、「未来」があるはず。それを描いて、商品をより魅力的にアピールしていきましょう。

型3 「だから……」を描く

高圧洗浄機の商品紹介文に、「6つのアタッチメントが付いています」という一文と写真がありました。その写真と説明だけで理解ができる人もいると思いますが、高圧洗浄機を使ったことがない方は、「そのアタッチメントが付いていたら、どうなの？」と、首をかしげるかもしれません。

そこでおすすめしたいのが、「だから……」を描く書き方。

この高圧洗浄機には6つのアタッチメントが付いています。だから、この1台で窓、網戸、ブロック塀から車まで、さまざまな場所のお掃除に使えます。

このように、「だから、こういうふうに使えます」と、具体例を挙げるのです。そうすることで、アタッチメントが何かわからなくても、「なるほど、こんな用途で使えるんだな」と使い方のイメージが湧きやすくなります。

難しい専門用語も、同様に、「だから……」で説明するとわかりやすくなります。

周波数ホッピング（FHSS）機能・アダプティブ周波数ホッピング（AFG）機能搭載。だから、駅など混雑した場所でも、音が途切れにくくなります。

「だから、どうなのか」がきちんと説明されていれば、たとえ専門用語がわからなくても、「混雑した場所でも音が途切れないのだな」と理解できますね。

「だから……」に続けて、「だから、こんな人に向いています（人気です）」と伝えるのもおすすめです。

・シワがつきにくい素材で作られたジャケットです。だから、出張など長時間の移動をされる方に向いています。
・軽量の旅行鞄です。だから、シニア女性に人気です。
・珍しい食材や大容量の食材も揃っています。だから、プロにも人気のお店です。

このように、商品のアピールポイントとおすすめしたい人を描くことで、その使いどころがより明確に伝わります。

商品紹介文を作成する側は、その商品・サービスのプロです。各機能のことを当然のように理解しているでしょうし、専門用語なども社内でごく普通に使っているでしょう。でも、お客さまは違います。「その機能があると何ができるのか?」、「その専門用語はどういう意味なのか?」を丁寧に伝える必要があります。

このように「こんな機能があるから、こんなことができます」、「こんな商品だから、こんな人におすすめです」と組み合わせることで、その商品の使いどころがより明確に伝わるようになります。とても便利なキーワード「だから……」をうまく使いこなしてください。

型 4 問いかける

商品紹介文では、目の前にお客さまがいるわけではないので、つい売り手側が一方的に語ってしまいがちです。でも、人の話をずっと聞くのは疲れるし、最後まで集中して聞くことは難しいですよね。それは、商品紹介文でも同様です。

そこで、あえてお客さまが目に前にいるかのように問いかけてみるのはいかがでしょうか。

「最近、絵を描いていますか？」

こう問われると、お客さまの心は無意識にでも、その問いかけに反応します。絵を描いている人なら「描いているよ」と思うし、描いていない人なら「そういえば、最近、描いてないな……」と思うでしょう。絵にはまったく関心のない人でさえ、「なんでそんなこと聞くんだろう?」と気になります。

「呼びかけ」や「質問」には、人に「おやっ?」と思わせる力があります。そのようにして少しでも関心を引くことができれば、その後に続く文章を読んでもらえる確率も高まります。

「テレワークだと、つい気が散りやすくないですか?」

こんな、「あるあるネタ=共感されやすい質問」を投げるのもおすすめです。「そうそう、そうなんだよ」と共感してくれた方は、きっとその後に続く紹介文のことも好意的に読んでくれるでしょう。

「今、あなたが食べたいのは肉料理、魚料理、どちらですか?」

このように選択肢を見せるのもいいですね。選択肢が提示されると、人は無意識にどちらかを選ぼうと頭が働くそうです。続いて、次のように誘導すれば、スムーズに次につなげることができるでしょう。

「肉料理ならこちらのページ、魚料理ならこちらのページをご覧ください」

また、誰もがよい方の選択肢を選ぶような問いかけも効果的です。

「眠れなくて頭が重い朝と、ぐっすり眠れてスッキリした朝、あなたはどちらがいいですか？」

「眠れなくて頭が重い朝」に悩んでいる方は、この問いかけで改めて自分の悩みを思い出し、「なんとかしたい……」というニーズが掘り起こされます。そのタイミングで「快眠サプリ」について伝えたら、お客さまはきっと真剣に読んでくれるでしょう。

第2章でもお伝えした通り、「質問」と「回答」はそのまま「見出し（キャッチコピー）」と「本文」になります。「何から書けばいいのかわからない」と、最初の1行目が書き出せない時は、ぜひ、この「あなたはどうですか？」、「どちらが良いですか？」という問いかけを使ってみてください。

型5 写真や動画を見せる

商品によっては、文章で長々と説明するよりも、実際の商品を見てもらう方がよっぽど魅力が伝わりやすいことがあります。アパレルやファッション小物など、色味やデザイン、手持ちの服との相性が大事なアイテムは言うまでもありませんし、「映え」を意識して作られた物などもそうですね。

でも、ただ写真や動画を漫然と見せるだけでは、お客さまによっては、アピールポイントに気づいてもらえないかもしれません。大切なのは、その「見どころ」を示すこと。

このハンドバッグは、普通のバッグより持ち手が細いのが特長。スタイリッシュなシルエットになります。

こんな言葉が添えられていたら、「持ち手の細さ」に目が行きますよね。もし、このような商品紹介文がなかったら、どうでしょう？　持ち手の細さに気づかないお客さまもいるかもしれません。

なんといっても、この薄さ！　グラスの存在を感じさせない繊細な口当たりは、この薄さでなくては実現できません。

動画をご覧いただくとわかるように、小学生からお年寄りまで幅広い年代の方が一緒にできるのが、ビーチボールバレーの魅力です。

テーブルの木目がまっすぐ（柾目）になっていることにご注目ください。このサイズのテーブルを作るには、樹齢１００年以上の樹でなくてはなりません。

このように、写真や動画の「ここに注目してほしい」という部分を際立たせることで、お客さまの目線を誘導することができます。魅力にちゃんと気づいてもらうためにも、写真や動画には、その見どころを伝える文章を添えましょう。

型6 事例は「ご要望」や「条件」を見せる

オーダーメイドの商品や個々人に合わせたサービスは、1つひとつ内容が異なるため、一概に「こういうものです」ということができません。そのような場合は、「制作事例」、「施工事例」といった事例を挙げて見せていきましょう。

事例を見せる時のコツは、結果だけでなく、お客さまの「要望」や「条件」を一緒に示すことです。

お客さまから「子どもが大きくなったら個室を作りたいけれど、今はできるだけ一緒の部屋で過ごしたい」というご要望がございましたので、大きなリビングルームを後から壁で仕切ることができるような設計にいたしました。

「スマートフォンに慣れていない人にも操作しやすいように」という条件でしたので、最初のメニュー画面はボタン3つだけのわかりやすいデザインにしました。

「このようなご要望があり、この結果になりました」という流れが書かれていると、どんなリクエストに応えてくれるのか、どのような対応をしてくれるのか、わかりますね。これから発注を考えているお客さまには、このようなリクエストの情報はきっと参考になるはずです。

もちろん既製品であっても、このパターンは使えます。「この部分がこうなっているのは、このようなご要望に応えたからです」、「こんな条件下で使えるように、このような工夫がしてあります」など、商品ができるまでの流れを示すと、「なるほど、そんな理由があるのか」と深く理解していただけます。事例を載せる時は、ぜひ「要望」や「リクエスト」を見せていきましょう。

型

7 数値やデータを示す

購入者の88％が使ってよかったと回答しています。

こんな言葉が添えられていたら、「きっと良いものなんだろう」と感じますよね。「数値」や「データ」を示すことで商品に対する信頼を得たり、よいイメージを持ってもらったりすることができます。

弊社取引先様の約8割が個人事業主です。

こうした「客層を示す数字」を示せば、「それなら私が依頼しても大丈夫だな」と安心してもらえます。

オールインワンスキンケア商品 売り上げナンバーワン！

「実績を表す数字」があれば、売れている、評価されていることに魅力を感じてもらえるでしょう。

この施術ができる美容院は、県内に2店舗しかありません。

「稀少価値を表す数字」があれば、その価値をより具体的に感じてもらうことができます。

また、データは、メールマガジンやブログなどの導入部分に使うのにも便利です。

世の男性の約9割が「男性がスキンケアをするのは、よいことだと思う」と回答。
もう、男性もスキンケアをするのが当たり前の時代になっています。

このように、「こんなデータがあります」という話が冒頭にあると、「宣伝」ではなく「読み物」としての印象が強まります。比較的、長い文章の冒頭には、データの話を入れてみるのはいかがでしょう。

ただし、数値やデータを示す場合は、信頼性を確保するため、「自社調べ」、「全国消費者パネル調査（SCI）調べ　令和4年1月〜6月」というように、出典や調査機関、調査実施時期を明記しておくことが大事です。データや調査結果は、インターネットで探すことができます。例えば、「調査のチカラ」（https://chosa.itmedia.co.jp/）のように各種データを集めたサイトもあります。第三者的な数値やデータを活用することで、独りよがりでない商品紹介文が書けますので、積極的に活用してみてください。

型 8 「こんな時に使えます」を描く

商品の「スペック」や「機能」を伝えるだけで、「利用シーン」まで想像できる人は、その分野についてよく知っている人に限られるでしょう。例えば、「12ボルト電源で動く冷蔵庫」が、いつ、どのようなところで使うものなのか、イメージできない人の方が多いかもしれません。より多くの人に使い方をイメージしてもらうには、「こんな時に使えます」という使用例を見せるのがおすすめです。

こちらの冷蔵庫は12ボルト電源で動くので、車の中でもご利用いただけます。例えば遠方のご実家に帰省される時に、お刺身やお肉など、要冷蔵のお土産を持ち帰ることも可能です。

これまで世の中になかった新しい商品やサービスは、その使い方がまだ広く知られていません。そのため、「こんなふうに使います」と使用例を提示していくことがカギになります。新しい食材であれば「こんな料理に使えます」とレシピを。新しいサービスであれば、「こんな時に利用してください」と、利用シーンを見せることが大切です。「こんな時に」、「このように」と例を挙げてわかりやすく伝えていきましょう。

型 9 「あるあるエピソード」を語る

「こんなこと、ありませんか?」、「こんなことで困っていませんか?」——このような「あるあるエピソード」を伝えて共感を得るのは、文章の冒頭でよく使われるスタイルです。

「草野球をやりたいけれど、人数があと1人、2人足りない」――そんなお悩みはありませんか？　この助っ人サービスでは、ご希望のポジションの助っ人を、ご希望の球場に派遣いたします。

明日までに200人分の資料が必要！　でも、会社のプリンターを独占するわけにはいかない……そんな時にはABC印刷サービス！　データを送るだけで、最短6時間後には、あなたのオフィスに印刷物をお届けします。

場面が想像できそうなエピソード、それも、その商品・サービスのお客さまが直面しそうなエピソードを描くと、強く共感してもらえます。そうなれば、その後に続くサービスの紹介文も興味を持って読んでもらえるでしょう。

型10 たとえで表す

「味」や「香り」は、文字ではなかなか伝えるのが難しいアピールポイントです。そのため、「イチゴのような香りのする紅茶」や「豆腐のような食感のレアチーズ」のように、「○○のような」という「たとえ」で表現する方法がよく使われています。

この「たとえ」表現、新商品など、まだあまり知られていないものの特長を一言でイメージしてもらうのにも最適の表現方法です。

マンダイ（アカマンボウ）は、一般的にはまだよく知られていませんが、マグロのような味わいと食感がとても美味しく、地元では人気のお魚です。

このように具体的にたとえて紹介されたら、味のイメージをつかみやすいですよね。「○○のような」という表現は、お客さまによりよいイメージを持ってもらう目的でも使えます。コツは、そのアピールポイントを持つジャンルの中で「よりよい」とされているものになぞらえること。

タオルを例に挙げてみましょう。

まるで高級ホテルのタオルのようになめらかな肌触り

肌触りのよさが伝わってきますよね。一方、丈夫なタオルであることをアピールしたいのなら、次のような表現にすると、特長が伝わります。

まるで軍隊で使用されるタオルのような丈夫さ

あなたがアピールしたい商品ジャンルの中で、「よりよい」とされているものは何でしょうか。それにたとえて、「○○のようなものです」と表現すると、短い文章でも特長が的確に伝わります。

型 11 セリフで表現する

商品紹介文をうまく書く人は、商品だけでなく「人」を描くのが上手です。どんな商品・サービスでも、使うのは人。人を描くことができれば、その商品の魅力がより伝わります。人を描く最も簡単な手法は、「セリフ」で表現することです。

「飲めない人も楽しめる居酒屋と聞いたので、ここにしました」

「ホント、お惣菜のコロッケのイメージが変わりました」

「ずっと肩こりで悩んでたのです……」

言葉（セリフ）を描くと、自然と、その人の様子が思い浮かびませんか？　お客さまのセリフだけではありません。店員さんや職人さんなど、売り手・作り手のセリフを描くのも効果的です。

「これは珍しいな……」初めてこのコーヒーメーカーを見た時、店長はそう思ったそうです。

「コレ、まじ欲しい！」スタッフのオカベ君が一目惚れした靴が、こちら。

このように、誰かが話した内容を「　」（かぎかっこ）で囲むだけで、セリフ表現は簡単につくれます。簡単につくれるにもかかわらず、読みやすく注目されやすいので、文章の冒頭に持ってくるのがおすすめです。

「えっ？　疲れたお父さんが食べるご飯？」——社会で闘うお父さんたちは、仕事で責任を背負うストレスや、壮年男性ならではの加齢による体調変化で疲れています。そこで、このお弁当。壮年男性に足りない栄養素を補うメニューになっています。

文章全体としては比較的堅い表現ですが、冒頭部分がセリフ表現になっているため、とっつきにくさが取り払われています。「どんな言葉から書き始めようか」、「最初の一言目をどうしよう」と悩んだら、ぜひ、セリフ表現を。最初の「つかみ」として、力を発揮します。

型 12 感情を表に出す

「夏までには痩せたい！と思ったから、ジム通いを始めた」、「全自動洗濯機を買ったら、妻がとても喜んでくれた」など、買い物には何かしらの感情が伴うのが一般的です。商品紹介文でもそうした感情を描くことができれば、お客さまとの距離がぐっと接近します。

人間には、喜怒哀楽だけでなく、実にさまざまな感情があります。それらの感情を具体的な言葉で表現すると、商品情報だけでは生み出せない共感をもたらすことができるでしょう。さまざまな感情の例を次の表に示したので、参考にしてください。

あなたの商品やサービスは、どんな感情の時に欲しいと思われるものでしょうか？ そして、どんな感情をお客さまにもたらすでしょうか。ぜひ、表現してみてください。

感情	例
喜び	彼女が喜んでくれて嬉しいです
信頼	このデザイナーさんならよい提案をしてくれると信じていました

心配
驚き
悲しみ
嫌悪
怒り
期待
楽観
希望
不安
愛
罪悪感
歓喜
帰順
好奇心

子どもがうまくやっていけるか心配でした
こんなにおいしいなんて！
母は今も愛犬を失った悲しみの中にいます
あの生乾きのにおいが本当に嫌で……
大事なところで固まってしまうパソコンに怒りを覚えていました
海辺の旅館だから海鮮料理がおいしいのだろうなあ
すぐにおいしいお店が見つかると思います
きっと彼なら来てくれるだろう
次に強い雨が降ったら、屋根がもたないかもしれない
この店の革小物が大好きなんです
最近、子どもたちと一緒に遊ぶ時間が取れていないなあ
30年目の初優勝！
心配だけど、とりあえずこうするしかない
これは何だろう？

畏敬
恥
羨望
誇り

かの有名なアーティストも使っていたギター
「こんなことも知らないの？」と言われた時のことは忘れません
憧れの名車……私もいつかは
熊本県に生まれて良かったと、心から思う

第4章

「わかりやすい」は後からつくれる

「わかりやすい文章」とは？

「どうしたら、わかりやすい文章が書けますか？」

「ことのは塾」の勉強会やセミナーに参加された企業やお店から最も多く聞かれる質問です。この本を読んでいるあなたも、同じようなお悩みを抱えているかもしれません。

商品紹介文における「わかりやすさ」とは何を指しているでしょうか？「ことのは塾」では、①読み始めやすさ、②読み進めやすさ、の2つであると考えます。文字がぎゅっと詰まった文章は、見た目だけで読みたくなくなってしまいます。リズムが悪かったり、ずっと同じ調子が続く文章は、だんだん飽きてしまいます。

読んでみたくなる「読み始めやすさ」、そして最後までスムーズに読める「読み進めやすさ」。その両者が十分に備わっている文章が「わかりやすい商品紹介文」と言えるのではないでしょうか。

世の中には、とてもわかりやすい商品紹介文を書く社員さんや店員さんがいます。そんな方たちに文章のコツを聞いてみると、多くの方が、わかりやすい文章にする〈ワザ〉を持っていることがわかりました。
「一文を短くする」、「語尾を変える」など、それぞれの〈ワザ〉は難しいものではありません。ですが、これらの〈ワザ〉をあなたの文章に加えることで、とても読み始めやすく、読み進めやすい文章になっていきます。ご自分で書いた文章が「ちょっとわかりにくいかなあ……」と思っている方は、ぜひ取り入れてみてください。

矛盾しているようですが、これらの〈ワザ〉は商品紹介文を書いている時は考えなくても構いません。というのも、これらの〈ワザ〉は商品紹介文を書き終えた後からでも適用できるからなのです。

商品紹介文を書き始める時は、「よい商品なんです！」とあなたの想いを熱く語ることに集中しましょう。その後で〈ワザ〉を使って、「わかりやすい商品紹介文」に微調整していけばよいのです。そうすることで、商品の魅力やあなたの想いが込められた上で、さらにわかりやすい商品紹介文ができあがります。
では、わかりやすい文章をつくる〈ワザ〉を見ていくことにしましょう。

き技 1 一文の目安は「50文字」

わかりやすい文章は、一文がだらだらと長くありません。一説には、一文で80字を超えてしまうと意味が取りづらくなると言われています。商品紹介文の場合、50字前後で一文をまとめるとよいでしょう。

もし一文が50字を超えてしまう時は、2つ以上に分割できないか考えてみてください。

この英会話教室では、社会人向けに2種類のレッスンがあり、仕事で使えるビジネス英会話と海外旅行などで困らないようにするためのトラベル英会話のうち、あなたのニーズに合ったレッスンをお選びください。(96字)

この文章を分割すると、次のようになります。

この英会話教室では、社会人向けに2種類のレッスンがあります。1つは仕事で使えるビジネス英会話。もう1つが、海外旅行などで困らないようにするためのトラベル英会話です。あなたのニーズに合ったレッスンをお選びください。
（全体で106字・一文の文字数は17文字〜35字）

一文を短くした方が読みやすく、内容も伝わりやすいですよね。このように文章を分割すると、全体の文字数は若干増えますが、意味は理解しやすくなります。わかりやすい文章を書きたい時は、一文の長さを50字以内にするよう心がけるとよいでしょう。

技2 できれば改行、空白行

繰り返しになりますが、商品紹介文は読まなければならない文章ではありません。だからこそ、「第一印象＝見た目」が大事です。文字が詰まっていて〝黒っぽく見える〟商品紹介文は要注意。どうしても「難しそう」、「読みにくそう」という印象を与えてしまい、敬遠されがちです。

「読みやすそう」、「読んでみたい」と思ってもらうためには、改行を多くしたり、空白行を入れたりして、見た目を〝白っぽく〟するようにしてみてください。小学生の頃に習った、「改行や空白行は、段落（意味のまとまり）ごとに入れる」という文章作法的な正しさは、ここでは横に置いておきましょう。

ホームページやネットショップでの商品紹介文など、パソコンやスマートフォンで読む文章では、特に意識して改行や空白行を入れるようにしてください。改行や空白行があるとないでは、読みやすさが大きく変わります。大手新聞社でも、新聞紙面とネット上の記事とでは、改行や空白行の入れ方を変えているケースが少なくありません。ネット上では紙面にはない空白行を取り入れ、読みやすく工夫されているのですね。

ネットの文章を読み慣れている現代人にとっては、チラシやパンフレットなどの紙面でも、文字の詰め込み過ぎは読みにくそうな印象を与えてしまいます。「つづきはウェブで」をうまく使い、紙面に文字の渋滞を引き起こさないように気をつけましょう。

どんなによいことが書いてあっても、読んでもらえなければスタートラインに立てません。内容ばかりでなく、「見た目」にも気を使うことが、わかりやすさの秘訣です。

技 3 5音・7音リズム感

日本人は俳句や短歌に見られるような5音、または7音の言葉のリズムがしっくりきます。そのため、文中に5音・7音のリズムに沿った表現を見つけると、不思議と読み進めやすくなるものです。文章の上級者はそのような効果を狙って、5音・7音のリズムに合った言葉を選んでいます。

ひのきの床をはだしで歩く

焼いて食べたら新感覚！　花咲ガニは夏が旬

酒のかわりになるお茶です

これらは5音・7音を意識した表現です。見出しやキャッチコピーなど、お客さまの気持ちをぐっとつかみたい言葉は、こうしたリズムに当てはめると効果抜群です。

5音・7音の効果は、見出しだけではなく本文中でも発揮されます。ある英語教室では、このような言葉をチラシに載せていました。

英語と言えば英会話。そう思う方も多いでしょう。でも本当にそうでしょうか？多くの日本人にとって英語は読むもの。「英語の本が読めること」、そんな希望を持つあなたのための教室です。

「英語といえば英会話」、「英語の本が読めること」などは、それぞれ7音、5音の組み合わせになっているので、リズムがいいですね。こういったリズムのよい言葉があると、その先を読み進めたくなります。

あなたのつくった文章がリズムに乗っているかどうかは、実際に音読することでわかります。書いた文章は、ぜひ声に出して読んでみてください。もちろん、心の中で音読するだけでもリズムは確認できます。目で追うだけでは気づかなかった文章のリズムがわかるはず。ぜひ試してみてください。

技4

文末にこそクセが出る

文章のリズム感について、もうひとつ。歌のラップが最後の言葉で韻を踏むように、文章のリズムは文末が大事です。

10月には新物のりんごが出揃います。ネットショップで注文を受け付けています。紅玉や王林などたくさんの品種がございます。大人気のギフト用のラッピングサービスもございます。

このように「～ます」と同じ語尾が続くと、ちょっと単調な、ともすると幼稚な印象を与えてしまいます。読み進めやすい文章に仕上げるためには、文末のバリエーションを豊かにすることがとっても大切です。

10月には新物のりんごが出揃います。ネットショップでただいま注文受け付け中。紅玉や王林など、たくさんの品種からお選びください。ギフト用のラッピングサービスも大人気です！

このように文末表現をそれぞれ変えていくと、文章にリズムが生まれ、読み進めやすくなります。

特別な意図がある場合を除き、商品紹介文には「です・ます調」の語尾がふさわしいでしょう。目の前にお客さまがいると想定すると、自然とそのような語尾になりますね。

「です・ます調」には、次のような語尾の種類があります。

~です・~ですね・~ですよね・~でしょう
~ですか・~でしょうか
~ます・~ません・~ました
~ください
~だそうです

この他、「体言止め」の技法も覚えておくと便利です。体言止めとは文章の最後を名詞で終える技法のこと。例えば「色はブルーが人気です」を体言止めにすると、「人気の色はブルー」になります。

文末表現は、プロのライターも気にする重要なポイントです。3回以上同じ語尾が続いてしまった時は、別の表現にできないか考えてみてください。

技5 専門用語は意図的に

専門用語は、その意味を知らない人にとっては「難しそう」、「何を言っているのかわからない」と感じられるものです。新型コロナウイルス対策の初期段階で、政府や専門機関が使った「オーバーシュート」という専門用語は、世の中の不安とあいまって人々の反感すら買いました。「オーバーシュート」のようにあまり人に知られていない専門用語は、「急に感染者が爆発的に増えること」といったわかりやすい表現にした方がスムーズに伝わります。

一方で、その用語を使い慣れている人にとっては、意味を端的に表す言葉として、むしろ歓迎されます。例えば、糸の太さを表す「デニール」という単位。男性には、あまりなじみのない単位かもしれませんね。しかし、日常的にタイツやストッキングを履く女性にとっては慣れ親しんだ言葉であり、単位です。

出勤する時は、きちんと感のある40デニールのタイツがおすすめ。カジュアルな装いの日は、80デニールのタイツで防寒対策を万全に。

というように、あえて専門用語で表現することで、買い手により伝わりやすい表現になります。このような場合は、積極的に専門用語を使った方がよいでしょう。

また、専門用語を使うことで、「専門家である」ということを暗ににおわせる効果もあります。例えば、次の二人のうち、どちらが専門家のように思えますか？

Aさん「性能が優れており、コンサートとか、ユーチューブの動画とか、いろんなところで使えるマイクです」

Bさん「周波数特性が広いコンデンサーマイクなので、繊細な響きや音量も生音に忠実に拾うことができます。コンサートの録音から、ユーチューバーの動画撮影まで、いろんなところで使えるマイクです」

話している内容は同じですが、なんとなくBさんの方が専門家っぽく思えるのではないでしょうか。専門用語とは、その業界でよく使われている言葉。その名の通り、専門性を感じさせる言葉でもあります。

それに、そのジャンルに興味がある人は、専門用語を覚えたいという気持ちが少なからずあります。インターネットで配信されている「サッカー専門チャンネル」には「DOGSO」、「ポジショナルプレー」といった、まだ多くの人に耳慣れない専門用語を解説する番組があります。難解な専門用語は、むしろマニア魂をくすぐるのでしょう。難しい言葉であればあるほど愛好家が寄ってくる、そんな効果も専門用語にはあります。

むやみに使うとマイナスの印象を与える一方で、意図的に使えば、むしろプラスに働くのが専門用語。大事なことは、相手の目線に合わせているかどうかです。専門用語を使う際は、相手に正しく伝わるか、使うことによって相手からどのように見られるかなどを検討するようにしましょう。

技 6 目線の着地点を作る

「ことのは塾」のお客さまに協力してもらい、効果のあったチラシと、そうでもなかったチラシを何枚も見比べてみると、ある違いに気がつきました。効果のあったチラシは、「最初に目が留まる場所がある」のです。逆にそうでもなかったチラシは、目線の落ち着きどころがなく、視点がウロウロしてしまいます。

お手元にチラシ（またはパンフレット）があれば、ぜひ、次の実験をしてみてください。まず、そのチラシを見ないようにします。目をつぶったり、チラシを裏返しておいてください。その後、そのチラシをパッと見ます。その時に、あなたの目線がどこかにちゃんと留まるチラシは、よいチラシ。逆に、目線がウロウロしてしまったり、あちこちに移動してしまうチラシは、よくないチラシと言えます。

チラシなどの印刷物は、紙面に限りがあるため、文字や写真がぎっちり詰まったものも少なくありません。しかし、見どころを多くし、情報を入れ過ぎてしまった結果、目線が落ち着かないのでは、内容を読んでもらうことができません。お客さまはそのチラシを読むことなく、別のところ（多くの場合、他社のチラシ）に視点を移してしまいます。それでは、いくら良い内容が書いてあったとしても読んでもらえません。内容を読んでもらうためには、まず目が留まる場所、「目線の着地点」が必要です。そこに目線が落ち着けば、その近くにある内容を読んでもらえる確率がきっと高くなるでしょう。

「目線の着地点」には、主に、①大きな文字、②大きな画像、③人の顔・人の目、④吹き出し、の４つがあります。

①大きな文字

見出しは本文より大きな文字にしましょう。見出しと本文が同じ大きさでは、目線は落ち着きません。

参考にしたいのは新聞です。新聞の見出しはとても文字が大きいですよね。一般的な新聞の見出しは、本文に比べてタテヨコが4倍以上（面積比で16倍以上）の大きさです。ここまで大きさが違うからこそ見出しが目立ち、そこに目線が落ち着きます。

フォントのサイズを数ポイント変えた程度では、思ったほどの差が生まれません。1番目立たせたい箇所は、本文に対して最低でもタテヨコ3倍以上、面積比で9倍以上のスペースを割きたいところです。

②大きな画像

写真やイラストは目線を集める力が強い要素です。だからこそ、同じような大きさの写真を並べてしまうと逆効果。目線が定まらない原因となってしまいます。

一般的に、チラシやパンフレットには写真やイラストを複数使います。1番目立たせたい画像は、他の画像より大きく載せましょう。レイアウトにもよりますが、他の画像よりタテヨコ2倍＝面積比4倍程度あると、その画像に目線が集中します。

画像のすぐ下に書く文章（キャプションと呼ばれます）は、画像を見た後に読んでもらいやすい文章です。何の画像なのか、その画像の中で注目してほしいのはどこなのか？　などを端的に説明するとよいでしょう。

③人の顔・人の目

人は本能的に〝人の顔のようなもの〟に注目する傾向があるそうです。中でも特に「目」が写っているものに注意を引かれるといいます。

もし、お客さまから許可を得られるのであれば、「お客さまの声」などで写真を載せる場合、目まで写った顔写真を載せると効果が期待できます。

④吹き出し

マンガのセリフのように吹き出しを使うのも効果的です。キャッチコピーのように、「まずここを読んでもらいたい」という部分は、吹き出しで表現すると目線が落ち着きます。

人の写真やイラストに吹き出しを添えて、あたかもその人物がしゃべっているような演出にするのもいいですね。その際は、画像の人物の視線が向いている方向に吹き出しを持ってくるようにしましょう。目線と逆方向に吹き出しがあると、なぜか落ち着かず、注目度が下がる傾向があるといわれています。

目線の着地点が大事なのは、チラシやパンフレットのような紙媒体だけではありません。ウェブサイトでも同様です。内容を読んでもらうためにも、まずは目が留まる場所、「目線の着地点」を作りましょう。目線が落ち着けば、その近くにある内容から読んでもらえる確率がぐっと高くなるでしょう。

第5章

想いを語る、ストーリーを語る

商品にかけた「想い」を伝える

近年、商品やサービスの差別化が一層難しくなってきました。模倣する技術が発達し、新商品がすぐマネされてしまうことが少なくありません。インターネットで情報が行き交うようになり、知恵を絞って考えたサービスであっても、すぐに似たようなサービスが出てきてしまいます。そのような世の中ですので、機能や性能、商品特長だけで差別化をしていくのが、なかなか難しくなってきました。

そこで見直されてきたのが、商品やサービスにかけた「想いを伝える」ということ。似たような商品であっても、そこにかけられた想いはそれぞれ違っているでしょう。ただ商品を作って売っている企業と、誰かの幸せを願ってその商品を作り、その商品がちゃんとお客さまに届くように販売をしている企業とでは、お客さまが抱くイメージが大きく違います。

どんな人のために作ろうと思ったのか？　そこに至るまで、どのような苦労や紆余曲折があったのか？　世の中のどんなことを「変えたい！」と思ったのか？　どんな人たちが協力してくれて、その商品が実現したのか？　そんなことを、お客さまは知りたがっています。

モノがあふれている現代社会では、ただ商品が手に入るだけでは、満足してもらえません。「ステキな考え方を持つ企業を応援したい」、「私が好きな未来をつくるような商品を買っていきたい」、「そんな志を持って作る人、買う人たちの仲間になりたい」という気持ちが、今、購買行動にも影響しています。例えば、ＳＤＧｓや環境に配慮した商品や企業を選ぶグリーンコンシューマーが増えており、そうした消費者に対応するための「サステナブル・マーケティング」という考え方も出てきています

「想い」を伝える企業や商品には、きっと「ファン」がつくでしょう。ファンはその商品に込められた想いを共有し、買い支えをしたり、クチコミをしたりしてくれる大切な存在です。

これからの時代は、そのようなファンを大事にしていく企業が勝ち残っていくでしょう。商品を作る人も、売る人も、それを買う人も、使う人も、みんな幸せというサイクルを回すことが、この時代を勝ち抜いていく秘訣になっていきます。

「想い」～3つの出発点

では、実際にどのような想いを伝えていけばいいのでしょうか？　多くの場合、商品に込められた想いには、「3つの出発点」があります。

1つ目は、誰かの悩みや社会が抱える課題、いわゆる「ニーズ」と言われるものを、どうにかして解決したい、解消したいという想いが出発点となっているケースです。

不眠で悩むお客さまを救いたくて作った商品です。

大柄な女性でだっておしゃれがしたい！　そんな気持ちがわかる私たちが運営するアパレルショップです。

定年を過ぎた人たちも、自分の力を発揮できる社会にしたいと思って生み出したサービスです。

「なんとか助けたい」、「現状を変えたい」という想いは、それに悩んでいる方々の心をつかみます。ストレートに想いのたけを語り、熱く伝えていきましょう。

2つ目の出発点は、技術や強みなど、いわゆる「シーズ」に関すること。

自分たちの工場は、金属を丸く加工するのが得意だ。それを何かの製品に生かせないだろうか？

うちの店は、地域の農家さんと連携が取れるのが強み。それを何かのサービスにできないかしら？

自分たちの独自技術や「強み＝シーズ」から開発が始まる商品やサービスは少なくありません。ただ、そうした強みがすぐに商品化され、順調に売れていくかというと、必ずしもその限りではありません。さまざまな困難に突き当たったり、思いも寄らないトラブルに直面したり、そして、それを助けてくれる仲間が現れたりと、紆余曲折があるのが普通でしょう。くじけそうな時もあったが、なんとか踏ん張って商品化までこぎつけた――そんな開発ストーリーは多くの人の心を動かします。

技術や素材にあまり興味のない人（大多数がそうです）でも、開発秘話やサービスの裏話、失敗談などには興味を抱くもの。商品の裏にある汗や涙の話は、小説やテレビ番組になるほど、みんな大好きです。あなたの努力や奮闘も、ぜひ伝えていきたい想いの1つです。

3つ目の出発点は、好きという気持ち、「ラブ」です。私が知っている、とあるカフェをご紹介しましょう。「サイクリングが好きな人が集まるカフェ」です。

このカフェは、解決しなくてはいけないニーズのために作られたわけではなく、新しい技術などのシーズに基づいて作られたわけでもありません。純粋に「サイクリングが好き」、「サイクリングが好きな人のために、何かしてあげたい」という想いから生まれたお店です。

そのような、純粋に好きという気持ちから生まれるお店や商品、サービスは決して少なくありません。「趣味が高じて、今の仕事になった」というケースは、その最たる例。私の周りにも、「マリンバに魅せられて、今はマリンバ教室を開いている」という先生や、「アロマのあまりの奥深さに感動を覚え、今、アロマサロンを経営している」というオーナーさんがいらっしゃいます。

あなたが会社勤めであっても、「ラブ」は立派なアピールポイントとなります。例えば、「ビールが好きで好きでこの会社に入った」という社員さんの想いやエピソードは、それだけで強い武器になる可能性を秘めています。

好きという意味では、「お客さまが好き」、「大事にしたい」、「おもてなししたい」という想いから生まれたサービスや商品も世の中にはたくさんあります。

自分と同じ、バイクに乗るのが大好きな女性たちに喜んでもらいたくて、レディースサイズのアイテムの専用棚を作った。

このスポーツチームを応援してくれるサポーター仲間の皆さんに喜んでもらえるように、チームカラーのグッズをたくさん作っている。

呉服店を訪れた外国人観光客に、より和服のことを知ってもらいたくて、英語のPOPを作っている。

お客さまを想って作ったもの、工夫したことは、商品の魅力を高めてくれる要素となります。あなたが商品・サービスを作り、売る原動力は、どんな想いから来ていますか？　一度、棚卸しをしてみてください。

「ニーズ」、「シーズ」、「ラブ」のどれか1つに限らないことも多いでしょう。最初は会社が持つ技術（シーズ）から企画をしていたところ、途中から「この商品は、こんなことで困っている人の助けになるぞ」というニーズに気づいた。その後、実際にお客さまが購入・利用しているのを目の当たりにすると、お客さまのためにもっと何かしたい！という気持ち（ラブ）に変わっていった。そんなふうにさまざまな想いが変化し、重なり合っていることも少なくありません。

繰り返しになりますが、お客さまはこうした想いを知りたがっています。強い想いであればこそ、「言葉」や「文字」にしてみてください。商品紹介文でも、商品の機能・性能だけでなく、あなたがその商品にかける想いを積極的に伝えていきましょう。お客さまはきっとその想いに触れて、心を動かされ、あなたの商品やお店を愛するファンになってくれるはずです。

記憶に残るのは「エピソード」

想いを伝えるのに、「一言で」というのはほぼ不可能です。「想いを込めて作りました」という言い回しはよく使われますが、これでは伝えたい内容の1％も伝わっていません。同じように「大切なあの人のために」、「とことんこだわり抜きました」、「安心・安全を追求した商品づくり」といった言葉も、伝えているようで、お客さまにはほとんど何も伝わっていません。

想いを伝えるのに必要なのは「エピソード」。例えば、次の2つの文章をご覧ください。同じ「睡眠にこだわったビジネスホテル」の紹介文です。

〈A〉当ホテルは睡眠にこだわり、マットレス、枕、フレグランスをはじめとして、室内すべてが良い眠りのためにデザインされております。

マットレスは、日本マットレス株式会社製の3重構成マットレス、枕は日本寝具縫製株式会社製の最高級枕を使用しております。

〔B〕当ホテルの支配人・山岡誠二がまだ若い頃、ホテルマンとして働いていた時代のお話です。宿泊されたお客さまが、口コミサイトにこんな投稿をされました。
「可もなく不可もないホテル。寝るための場所としては、まあまあ、合格」

どうしたらお客さまに喜んでもらえるだろうと常々考え、工夫をしていた山岡には、とてもショックな言葉でした。しかし、ビジネスホテルが寝るための場所というのも1つの事実。

この口コミを、3年後には「寝るための場所として最高！」という言葉に変えてやろう――山岡が睡眠にこだわったホテルを目指し始めた瞬間です。


AとB、どちらの文章が記憶に残りましたか？　あるいはどちらのホテルに興味を引かれたでしょうか？

「ことのは塾」勉強会の参加者にこの質問をしてみたところ、Bの文章の方が圧倒的に記憶に残る、興味を引かれるという声が返ってきました。商品紹介文は、お客さまに覚えてもらう、興味を持ってもらうことがとても大事ですから、エピソードで伝えることは、商品紹介文の本質をとらえていると言ってよいでしょう。

Aの文章ではマットレスのメーカー名などを挙げているものの、読み手の記憶には残っておらず、半分以上は読み流されていることもわかりました。実際は、そのメーカーのマットレスを採用するまでの紆余曲折があったはずです。なかなか理想的なマットレスが見つからなくて焦り、理想のマットレスが見つかった時は、飛び上がるくらい嬉しかったかもしれません。そのようなストーリーや感情の動きを描けば、記憶に残るエピソードになったことでしょう。

エピソードを上手に描くには、「事実＋感情」の組み合わせを意識することがポイントです。

アレルギーがあり、誕生日ケーキを家族と一緒に食べられない子がいると聞いて、本当に悲しくなりました。私がアレルゲンフリーのバースデーケーキを作ろうと思ったきっかけです。

展示会で新しい素材を見て、「これを使えばスピーカーの音がもっとよくなるんじゃないか?!」とワクワクしたのです。

このように、「こんな出来事があった」という事実だけでなく、「悲しくなった」、「ワクワクした」といった感情を伝えると血の通ったエピソードになってきます。そして、このようなエピソードは、現代マーケティングに大切な「シェアされやすい」という要素も兼ね備えています。

先ほどのビジネスホテルの話でいうと、「どんな寝具を使っているか」という情報はなかなか口コミに乗りません（シェアされにくい）。しかし、エピソードの方は、シェアされる文章に大切な「共感」、「発見」、「驚き」、「応援したくなる」といった要素を持っていますので、比較的シェアされやすい文章になっています。

エピソードはこうやって描こう！　～７つのトピック

エピソードは時系列に沿って描いていくと、自分も思い出しやすく、また読み手にも伝わりやすくなります。次に挙げる7つのトピックに沿って、その時々の「事実」と「感情」を文章に表してみましょう。

①きっかけ

商品・サービスを作ろう、始めようと思ったきっかけは何ですか？　それがエピソードの最初の場面になります。「○○で困っている人を助けたくて」といった熱いものから、「自社の技術を何か他のことに応用できないかと考えているうちに」といったものまで、どんなものでも構いません。

「目の見えない人にもこの小説を読んでもらいたい！」そう思って、点字化プロジェクトはスタートしました。

「えっ?! Tシャツの下にさらにインナーを着るの?」、「え? 当たり前ですよ?」――若い社員と自分とのジェネレーションギャップを感じたこの会話がスタートでした。

はじめは、会社の上司に言われたから取り掛かりました。本当に、ただの業務命令に従っただけだったんです。

②困難・失敗

人生は、困難や失敗の連続。あなたのプロジェクトには、どんな困難や失敗がありましたか?

・上司や同僚の協力が得られない
・思ったような成果が出せない
・地域で受け入れられにくい
・材料の発注を忘れてしまっていた

・試作品を販売してみたけれど、惨敗だった
・他社に先に販売されてしまった

どんなきっかけで始まったとしても、すぐに商品・サービスが完成することはありません。大なり小なり何かしらの困難な出来事があって、それを乗り越えて発売に至るのが一般的です。途中で失敗して、振り出しに戻ってしまうこともあるでしょう。でも、お客さまは失敗を乗り越えるあなたの姿に共感を覚えます。困難は、あなたの商品を彩るスパイスです。

そもそも板金工場に勤めるメンバーですから、金属の加工は得意でしたが、チーズケーキを作るなんて初めての経験でした。試作品を作れども作れども、失敗の連続……。冷蔵庫には失敗作のチーズケーキが詰め込まれていて、メンバーはもうチーズケーキを見るのもイヤになっていました。

良い料理、良いワインを揃えていましたから、きっとすぐに繁盛店になる！と思っ

ていたのですが、半年経ってもなかなかお客さまは定着しませんでした。友人たちにも「もっと人通りの多いところに出店すればよかったのに」と言われましたが、お店の横に菜園を作り、そこで採れた野菜を使うというコンセプトのことを考えると、この場所しかなかったのです。良いものなのに食べてもらえない……当時はとても悔しい思いをしました。

③情熱の源泉

困難に遭遇しても、失敗をしてしまっても、それでもくじけなかったからこそ、あなたの商品は発売やサービスに開始にこぎつけました。そのように困難や失敗を乗り越えられたのは、なぜでしょうか？　なぜ情熱を失わずに続けられたのでしょうか？

その理由や、情熱の源泉を語ることで、お客さまはよりあなたの商品のことを知り、より好きになってくれるはずです。

売り上げの見込みが立たないことで、業務時間中にこのプロジェクトを進めることができなくなりました。途方に暮れていた時、入社1～2年目の若いメンバーが私に声を掛けてくれたのです。

「僕たちはまだ何が売れるとか、よくわからないんですが、これが完成したら、会社にとって大きいと思うんです。僕らもここで諦めたくないなって。終業後でもいいので、手伝わせてもらえませんか？」

私は涙が出るほど嬉しかったのを覚えています（実際、泣いていたかもしれません）。


私は子育てに苦労して、娘との関係も最悪の状態でした。本当にあの頃は、「自分はなぜ生きているのだろう……」と、鬱々とした日々を過ごしていました。今でも思い出すだけで胃のあたりが締めつけられます。あんな思いを他の人にしてほしくない！　私の失敗を、そしてどのようにして子どもとの関係を修復したかを少しでも多くの人に伝えたい、それがこの活動の原動力です。

④努力・工夫

情熱を原動力にしながら、立ちはだかる困難をどのようにして乗り越えましたか？　こんな努力や工夫をした、と言えるようなことはありませんか?

その仕事に従事していると、日常的に努力や工夫を重ねているので、自分がやっていることが努力だと気づかないケースもあるかもしれません。そこで、少し視点を変えた質問をしてみましょう。商品開発や販売活動の中で「お金」や「時間」をかけたことは何ですか?

「この調査には多くの予算を割いた」、「この材料の調達には時間をかけた」といったことがあるはずです。昔はそういった裏側の努力や工夫は隠すものだったかもしれません。しかし、今はそれをあえて見せることが共感につながる時代です。堂々とアピールしましょう。

また、「あの発見があったからこそ、この商品は生まれたよね」、「あの工夫で一気に進んだよね」と言えるターニングポイントになるような発見はありましたか? そんなターニングポイントは、あなたの商品エピソードを伝えるための大切なスパイスです。起承転結の「転」にあたるこの部分を伝えるのが、記憶に残るエピソードの重要なポイントです。

試作品のバッグはまったくと言っていいほど売れませんでした。そこで私たち開

発チームは、街を歩く人たちが持っているバッグを徹底的に調査したのです。その数、なんと2週間で1260件。そしてついに、若者が好むバッグの特徴が3つ見えてきたのです。

「お母さんが使いたくなる家事代行サービス」ではなく、「子どもや夫がお母さんに贈りたくなる家事代行サービス」というコンセプトに変えたことが、ヒットにつながるターニングポイントになりました。

⑤仲間・お客さまの協力

困難に直面した時、誰かに救ってもらって打開できたということも多いでしょう。社内の人の協力で物事が進むこともあれば、お客さまや取引先などの外部の人たちのおかげで進展することもあると思います。

あなたの商品はどのような人の協力で完成、販売までこぎつけることができましたか？「誰かに救われたエピソード」があれば、ぜひ、協力者の存在をアピールしましょう。きっとそれが新しい協力者や、新しいファンを呼んでくれるはずです。

地元の野菜だけを使ったジュース作りは、協力してくれる農家さんを探す段階で、行き詰まってしまいました。なかなか私たちのような余所者の話を聞いてくれる農家さんがいなかったのです。そんな時、組合長さんが私たちのカフェに来て、「地元野菜ジュース」を注文してくれたのです。私たちが本気で地元の農業のことを考えていること、でも、なかなか前に進んでいかないことを正直に組合長さんに伝えました。

その翌週のことです。組合が人を集めるから、集会所でジュースの試飲会を開いてみてはどうかとお声掛けいただいたのです。農家さんに私たちのジュースを飲んでもらえるチャンス！　頑張って最高のジュースを飲んでもらおうと、気合いを入れ直しました。

⑥完成・達成

紆余曲折を経て、あなたの商品・サービスは完成しました。物語で言えばクライマックス、商品紹介文でも最も大切な部分に当たるのが、「こんな○○ができました」という内容です。大きな賞を受賞したとか、大事件の末に完成したといったドラマ性がなくても構いません。あなたの努力や工夫が実を結んだことを素直にアピールしましょう。

文章で表現する際のコツは、注目してもらいたいポイントを明確にすることです。同じ商品であっても注目してもらいたいポイントはさまざまです。小さな工夫を重ねたところや、いろいろな人の協力の末に完成したといったことを誠実にアピールしてください。

例えば価格設定にしても、「コストを積み上げたらこの価格に落ち着きました」というのと、「小学生でもお小遣いをためて買えるくらいの値段にしようと考え、工夫に工夫を重ねて、このお値段で出せるようになりました」というのでは、お客さまの受け取り方はまったく変わります。

・かわいらしさに注目してもらいたい場合の例

ネコのかわいらしさを表現するために、耳の角度にこだわって、何度も何度も試作を繰り返しました。我ながら、最高にかわいいお饅頭に仕上がったと思います。ぜひ店頭でご覧になってください。

・原材料へのこだわりに注目してもらいたい場合の例

このお饅頭に使っているのは、とても稀少な国産の大納言小豆。何度も畑に足を運んで、やっと分けていただけるようになった小豆です。この豆でなければ出せない、重厚で繊細な味を体験してください。

⑦後日談・反響

商品はお客さまの手に渡り、使ってもらってこそ真価を発揮します。もっと言えば、お客さまに何かしらの幸せをもたらして初めて成功と言えるのではないでしょうか。

あなたの商品・サービスはお客さまにどんな幸せをもたらしましたか？　お客さまからいただいた声の中で、あなたがとても嬉しかったのはどんな言葉でしょうか？　そうした後日談も、想いを伝える重要な材料となります。後日談や反響を伝え、あなたとお客さまとのやり取りを示すと、作り手であるあなたの〝人となり〟が垣間見えるものです。

また、「今は何をしているか」といった現況報告や、「今後はどうしたいか」という夢を載せるのもおすすめです。商品を売って終わりではなく、お客さまとの今後の関係や、会社やお店の今後の展望を伝えることで、自分たちの姿勢を示すと同時に、お客さまからさらなる期待をいただくこともできるでしょう。

昨今ではファンを増やすために、一緒に商品開発をしていくサポーターをお客さまの中から募るような動きも活発になっています。お客さまが思わず手を挙げたくなるような呼びかけをするのも、一つの手です。自分が開発に関わった商品は、確実に他の商品より愛情が湧きます。サポーターの皆さんは、製品が完成する前から発売を待ち焦がれ、発売後は口コミを広げてくれる存在になること間違いありません。

枕を使っていただいたお客さまから、こんな嬉しい声をいただきました！
「これまでは寝て起きたら、逆に疲れているような時もありました。でも、この枕を使うようになってから、そのようなことはなくなり、朝、起きるのがとっても楽しみになりました」
朝が来るのが楽しみになる……まさに私たちが目指したことです。喜んでもらえてとても嬉しいです！

今後は枕だけでなく、寝室全体をより快適に眠れる環境にするべく、開発を続けています。次に作ろうとしているのは「足まくら」。足の下に敷くことで、脚の疲れを軽減し、より深い眠りに導けるものを開発中です。

眠りのデータを取るお手伝いをしてくれるスリーピング・サポーターも募集しています。お手持ちのスマートフォンで睡眠中のデータを収集します。協力してくださる方は、ぜひこちらの応募フォームからご連絡ください。より快適な眠りを一緒につくっていきましょう！


ここまで、エピソードを書くためのトピックを7種類紹介しました。よく、「商品には物語が必要」と言われますが、1つひとつのエピソードを連ねていくと、自然と物語やストーリーと呼ばれるものに仕上がります。数多くの商品の中から、お客さまの記憶に残り、選んでもらうために、そうした物語やエピソードが力を発揮するでしょう。

紹介した7つのトピックは、すべてを語る必要はありません。注目してほしい部分のエピソードを描くだけでも、十分に想いが伝わる言葉になります。

なんとかして起承転結のある物語をつくろうとすると筆が止まってしまうもの。特に伝えることがない部分については、無理にエピソードをつくらなくても大丈夫です。伝えたい強い想いのある部分だけを描いた細切れのエピソードでも、あなたの情熱は、きっとお客さまの心を動かします。ぜひ、あなたの言葉でその想いを伝えてください。

おわりに

Next Action を描こう

ここまで、商品紹介文の書き方について考えてきました。参考になる話はありましたでしょうか？　本書のおわりに、「商品紹介文に最も大切なこと」をお伝えしたいと思います。

商品紹介文に最も大切なこと、それは「その文章を読んだ後にお客さまに行動してもらうこと」です。いくら読みやすく、詳しい商品紹介文を書いたとしても、「へえ、なるほどね」で終わってしまっては、商品紹介文としては不合格。読み終わった後に、次のような行動に誘導できることが、商品紹介文の目指すべき「ゴール」だと言えるでしょう。

- その商品をお店に見に行きたくなる
- より詳しい内容を知りたくなって、公式ホームページをのぞいてみる
- ネットショップの在庫を確認する
- 実際に商品に触れるイベントの場所や日程を確認する

・サンプルを請求する

だからこそ、商品紹介文は、「その後にとってもらいたい行動」＝Next Actionを意識してつくることが大切です。紹介文を読んだ後に「お店に来てもらいたい」のなら、お店の場所やアクセスはもちろんのこと、「お店に何があるのか？」、「何を実際に確かめられるのか？」を描いて、誘うことが大事です。

14種類すべてのボディクリームをお試しいただけます。好みの香りや感触を探してみてください。

お部屋の写真をお持ちください。カーテンのシミュレーターを使って、お店のカーテンをご自宅につけた時のシミュレーションができます。

このように書いてあれば、「お店に行ったらこんなことができるんだな」とわかり、「行ってみたいな」という気持ちが高まりますね。

「ホームページを見てもらいたい」時も同様です。アドレスやQRコードを載せるのはもちろん、「ホームページに何が書いてあるのか？」を書いておくとよいでしょう。

ホームページの「お客さまの声」ページには、実際にカナダに留学された方の体験談が載っています。実際の街や学校の様子、「これを準備しておけばよかった」といった失敗談も載っていますので、きっと参考になると思います。

Q．雨の日の場合もバーベキューは楽しめますか？
Q．バーベキュー場には何を持っていけばいいですか？
Q．珍しい食材は買えますか？　など
よくある質問ページには、お客さまからよくいただく質問とその回答が載っています。

「ホームページにはこんな面白い内容が載っていますよ」と予告すれば、お客さまもその先を見たくなるはずです。

テレビショッピングなどでよく見られる、「この放送の後、30分以内にお申し込みいただいた方には、こんな特典をおつけいたします」といったような言葉は、「すぐに申し込みをしてもらう」という行動を促します。「無料でサンプルがもらえるのは○月△日まで！」というように期限を区切るのも、一手ですね。

商品紹介文は、商品について知ってもらうことが目的のすべてではありません。あなたの良い商品、良いサービスを実際に使っていただけるよう、「次の行動」に誘導していきましょう。

商品にかけたあなたの想いが、ちゃんとお客さまに届くように……ここに載せた商品紹介文テクニックがその一助となれば嬉しいです。

著者略歴

山梨栄司（やまなし えいじ）

「ことのは塾」(有限会社ビーサイド・ライブ) 代表
横浜国立大学教育学部卒業後、市場調査や販売促進をサポートする会社での勤務を経て、2003年に独立。得意分野は「売れる言葉」。これまで800社以上の企業・店舗と一緒に「商品紹介文のカイゼン」を実践してきた。その中で培われた「売れる言葉」のノウハウを伝え、「良いモノがちゃんと評価される世の中」をつくるために力を尽くしている。

企画協力：小島和子（NPO法人企画のたまご屋さん）

これが正解！他社と差がつく商品紹介文

〈検印廃止〉

著　者　　山梨　栄司
発行者　　坂本　清隆
発行所　　産業能率大学出版部
　　　　　東京都世田谷区等々力6-39-15　〒158-8630
　　　　　（電話）03（6432）2536
　　　　　（FAX）03（6432）2537
　　　　　（URL）https://www.sannopub.co.jp/
　　　　　（振替口座）00100-2-112912

2023年3月1日　初版1刷発行

印刷所・製本所　日経印刷

（落丁・乱丁はお取り替えいたします）　ISBN 978-4-382-15829-0

マーフィーの成功法則シリーズ

新装版 あなたはかならず成功する

マーフィーのサクセス・サイエンス

良いことを思えば良いことがおこる。
悪いことを思えば悪いことがおこる。

成功のための黄金律は、これだ。
人生は、あなたが思うがままに実現する。
あなたにもできる潜在意識の活用法を満載した、
人生を成功へと導く書。

第1章　潜在意識にたのみなさい
第2章　自動成功装置のボタンを押すのはあなたです
第3章　祈ることは想像力を働かすことです
第4章　自分も他人も肯定しなさい
第5章　あなたはかならず成功する

マーフィー理論研究会編著　192頁
定価1650円(本体1500円+税10%)

新装第二版 マーフィー名言集

あなたを成功へ導く568のことば

迷ったとき、苦しいとき、疲れたとき
問題解決のヒントが、生きる勇気が、
喜びが、ここにある

第1章　潜在意識を理解することば
第2章　仕事・勉学で成功することば
第3章　人間関係で失敗しないことば
第4章　愛を獲得し家庭の平和を守ることば
第5章　富を得て豊かな生活をすることば
第6章　悪い習慣から脱却することば
第7章　不安・心配を解消することば
第8章　病気を克服し健康にすごすことば
第9章　劣等感から解き放たれることば
第10章　力強く生き抜くことば

しまずこういち編著　328頁
定価1760円(本体1600円+税10%)